KB248318

도서
출판 행복에너지

사례로 배우는
리더가 되는 길

홍석환 지음

사례로 배우는
리더가 되는 길

초판 1쇄 발행 2026년 1월 22일

지 은 이 홍석환
발 행 인 권선복
편   집 한영미
디 자 인 서보미
마 케 팅 권보송
전 자 책 서보미
발 행 처 도서출판 행복에너지
출판등록 제315-2011-000035호
주   소 (157-010) 서울특별시 강서구 화곡로 232
전   화 0505-613-6133, 010-3267-6277
팩   스 0303-0799-1560
홈페이지 www.happybook.or.kr
이 메 일 ksbdata@daum.net
값 22,000원
ISBN 979-11-24134-10-8 (13320)
Copyright ⓒ 홍석환, 2026

도서출판 행복에너지는 독자 여러분의 아이디어와 원고 투고를 기다립니다. 책으로 만들기를 원하는 콘텐츠가 있으신 분은 이메일이나 홈페이지를 통해 간단한 기획서와 기획의도, 연락처 등을 보내주십시오. 행복에너지의 문은 언제나 활짝 열려 있습니다.

사례로 ──────────── 배우는
리더가 되는 길

**CEO가 임원과
팀장들에게
선물하고 싶은 책**

홍석환 지음

CEO가 되어, 어떻게 임원과 팀장을 육성할까?

리더십과 관련된 책들은 이미 수없이 많다. 검색 창에 '리더십'이라는 키워드를 입력하면 끝도 없이 쏟아져 나와, 정작 자신이 원하는 책을 선별하기가 쉽지 않다.

나는 매달 팀장과 임원을 대상으로 강의를 한다. 주제는 '리더의 역할과 조직 장악하기'이다. 리더의 역할로 5가지를 강조한다. 방향 제시, 의사 결정, 성과 창출, 조직과 구성원 육성, 네트워크와 로열티 강화가 그것이다.

여러 사례를 곁들여 조직을 어떻게 장악할 것인가에 대해 고민하고 토론하며 발표하게 한다. 강의가 끝난 뒤에는 많은 시사점을 얻었다고 하면서도 늘 같은 질문이 나온다. "조직장으로서 구체적으로 일과 사람 관리를 어떻게 해야 합니까?"

그러나 사실, 3시간 남짓한 강의로 역할과 조직·일·사람·변화·자기 관리의 원칙을 정립하기란 결코 쉽지 않다.

참석자에게 2가지를 강조한다.

첫째, 리더십이 뛰어나고 성과가 검증된 리더를 직접 만나보라.

가능하면 이론 위주의 말만 앞서는 사람이 아니고, 현장에서 솔선수범의 모범을 보이고, 성과가 분명한 사람을 만나 그 비결을 물어보라고 한다. 그들에게 단순히 원칙이나 비결만 알려달라고 하지 말고, 자신이 안고 있는 애로 사항을 구체화해 이를 중심으로 대화를 이끌어가며, 배운다는 마음으로 경청하고 기록하라고 한다.

둘째, 책을 제대로 읽어라. 수많은 책 중 한 권을 선택했다면, 일정을 비워 두고 한 권을 전부 그 자리에서 읽는 것이 중요하다. 내용 중 자신에게 시사점을 주는 부분은 줄을 치고 그 페이지를 접어 표시해 놓는다. 책을 읽은 후, 표시한 부분만 찾아 독서 노트에 옮겨 적으며 자신의 생각을 덧붙이는 것이다. 저자의 상황과 과제들이 자신의 일에 반영되어, 어떻게 해결하고 성과를 낼 것인가 시사점이나 해법을 주게 된다.

이 책 『사례로 배우는 리더가 되는 길』은 팀장과 임원들의 고민을 들으며, CEO의 입장에서 어떻게 하는 것이 좋은지 깊이 고민한 결과이다. 조직을 한 방향으로 정렬시키고, 강한 팀워크로 뭉치게 하는 것은 CEO의 중요한 책무다. 이 못지않게 팀장과 임원의 영향력이 큰 만큼, 한 명 한 명의 역량을 강화하는 일도 매우 중요하다. 물론 CEO가 직접 개별 지도를 하면 가장 좋겠지만, 현실적으로 그럴 여유가 많지 않다.

만약 CEO라면, 팀장과 임원에게 어떤 영역에서 어떤 주제로 어떻게 강조해야 할까? 이러한 고민 속에서 CEO가 팀장과 임원에게 해 주고 싶은 이야기를 중심으로 기고문을 작성하던 중, 이를 책으로 엮어 많은 팀장과 임원들에게 도움이 되면 좋겠다는 주변의 조언을 무시할 수 없었다. 그것이 바로 이 책을 출간하게 된 배경이다.

뛰어난 팀장과 임원은 원칙이 있고, 그 언행을 예측할 수 있다.

리더가 존경스러울 때는 언제인가? 그의 생각과 말 한마디에서 무게가 느껴질 때다. 그의 결정은 전사적 관점에서 방향을 읽어 내고, 선제적 조치의 필요성을 담고 있다. 그의 언행에는 수많은 고민이 담겨 있다. 그의 눈빛에는 간절하고 단호함이 배어 있다. 짧은 말 한마디이지만, 직원들은 그 말 속에서 "이 일은 반드시 해내야 한다."라는 각오를 다지고, 나아가 멋진 성과를 이루어야 한다는 확신을 갖는다.

직원들은 리더의 생각을 읽고 언행을 보며 그대로 따라서 한다. 리더가 정도경영, 솔선수범, 악착같은 실행의 모범을 보이면 적당히 대충 일하는 직원은 없다. 따라서 직원들이 리더가 어떤 생각으로 결정을 하고, 결정된 사안을 어떻게 실행할 것인지, 예측 가능해야 한다.

조직을 움직이며 이끄는 리더들에게는 원칙이 있다. 이 책은 조직 관리, 일 관리, 사람 관리, 변화 관리, 자기 관리의 다섯 가지 영역 속에서, 존경받는 리더들이 실제로 어떻게 생각하고 행동했는지를 사례 중심으로 서술하고 있다.

팀장과 임원들은 CEO의 전략적 파트너로, 보좌는 기본이며 보완을 하는 사람이 되어야 한다.

보완한다는 것은 변화하는 환경을 냉철하게 분석하고, 선제적으로 조치하는 것이다.

리더는 무엇을 가장 잘 알아야 하는가? 바로 CEO의 의중을 정확하게 꿰뚫는 일이다. 자신이 맡고 있는 조직을 가치 중심으로 한 방향 정렬시켜, CEO가 원하는 조직으로 확대하고 성과를 창출해야 한다.

주어진 일에만 머무르지 말고 가치 있는 과제를 스스로 창출해야 한다. 즉 전사적 관점의 의사결정을 하고, 일하는 방식을 전환하여 가장 효율적이고 효과적으로 성과를 높여야 한다. 팀장이나 임원이 조직과 직원에게 관심을 갖고 진정성 있게 성장시키겠다는 마음을 적극 표현해야 한다.

혼자 할 수 없다. 함께 해내는 데 사람 관계 관리와 소통 역량은 그 무엇보다 중요하다. 상대의 마음속에 간직되고, 주는 사람이 되어야 한다. 적을 만들지 않고 언행에 품격을 가져가야 한다. 변화의 흐름과 원칙을 정해 조직과 직원이 자부심을 갖고 성장하며 즐겁게 일하는 '이기는 문화'를 가져가야 한다. 무엇보다 철저한 자기 관리가 필요하다.

팀장과 임원은 정도경영, 솔선수범, 악착같은 실행의 모범이 되어야 한다. 직원들에게 철저한 자기 관리만큼은 따라갈 수 없다는 말을 들어야 한다. 이 책이 강조하는 내용이다.

감사해야 할 분들이 많다.

이 책을 집필하면서 고마운 분들이 많다. 먼저 이 책이 나오도록 격려하고 지원을 아끼지 않은 '매경비즈'의 장종회 전 대표 및 정양범 본부장에게 감사드린다. 17년의 삼성(삼성전기 – 삼성비서실 인력개발원, 삼성경제연구소), 8년의 LG정유(현 GS칼텍스 – 인사기획팀장, 조직문화팀장 등), 6년의 KT&G(변화혁신실장, 인재개발원장) 등 총 31년 직장생활을 하면서 많은 상사와 선배, 동료와 후배님이 지금까지도 잊지 않고 연락을 준다. 한 분 한 분 소개할 수 없어 죄송하지만, 마음속 깊이 간직하고 감사드린다.

살면서 정 많은, 각 분야 특히 인사 전문가 분들의 도움을 많이 받았다. 한국HR포럼 김기진 대표님과 회원님들, 인사노무연구회 이근면 처장님과 회원님, 인사 전문지인 월간 인사관리, 인재경영. 월간 HRD, HR Insight 편집장님과 기자님, 정기 모임을 갖는 인사를 사랑하는 사람의 모임, 홍승락 팀장과 아우님들, 원장 모임의 회원님에게 감사드린다. 2005년부터 매년 HR담당자 5~10명을 대상으로 실시하는 멘토링 멘티들의 지원도 큰 힘이 되고 있다.

한솔교육, 애경그룹, 경신, 마이다스 아이티, 동서식품, 유한

양행, 대웅제약, 우리금융그룹, 한솔그룹, 현대그룹, 선일다이파스, 한국 콜마, LX홀딩스, KCI, 해피랜드, HD현대, 해양 에너지, 경동도시가스, 아세테크, 코코도르, 코린토, 투유드림, 이조스페이스, 부릉, 국립중앙의료원, 지방공기업평가원, 김성규 대표의 HR에듀센터, 한국경제인합회, 대한상공회의소, 한국경영자총협회, 중도일보의 한성일 국장, 원티드의 인살롱, 윤용운 대표의 Offpiste, 한국경제신문사 등의 관심과 지원 덕분에 성장할 수 있었다. 나아가 2003년부터 평일이면 반드시 작성하는 '홍석환의 3분 경영'을 응원해 준 독자님들의 격려가 없었다면 이 책은 빛을 볼 수 없었을 것이다.

그리고 항상 옆에서 아낌없는 나무가 되어 사랑과 감동을 주는 아내, 새벽에 출근하고 밤에 퇴근해 이런저런 이야기를 나누며 삶의 활력을 주고 있는 직장인 큰딸 서진, 너무나 귀여운 다섯 살 손녀 비안과 이번에 돌을 맞이한 손자 정안의 엄마인 작은딸 서영과 언제나 듬직하고 성실한 사위, 올해 구순을 맞이한 어머니의 건강과 행복을 기원한다.

마지막으로 끝까지 교정을 보고 졸고를 옥고로 편집하여 한 권의 책으로 세상에 나오도록 결정해 준 〈도서출판 행복에너지〉 권선복 대표님에게 진심으로 감사드린다.

2025년 12월, 일산 집무실에서

홍석환 (홍석환의 HR전략 컨설팅 대표)

목차

제2장 • 일 관리

제3장 • 사람 관리

INDEX

조직 관리

왜 조직은 변해야 하는가?

| 조직의 정의와 구조

조직의 정의는 '특정 목적을 가지고 그 목적을 달성하기 위하여 조직 구성원 간에 상호작용 하는 인간의 협동 집단'(Max Weber), '공동의 목표를 가지고 이를 달성하기 위하여 의도적으로 정립한 체계화된 구조에 따라 구성원들이 상호작용 하며 경계를 가지고 외부 환경에 적응하는 인간의 사회집단'(거시조직이론, 김인수 고려대 교수)이라고 한다.

조직의 형태는 환경 변화와 밀접한 관계가 있다. 환경 변화가 안정적이고 단순한 상황에서의 조직은 기계적 구조이다. 최소한의 부서와 조직 내 통제, 역할 수행이 중요하다. 반대로 환경 변화가 불안정하고 복잡해질수록 조직은 유기적 구조를 필요로 한다. 이 때는 조직의 차별화, 높은 수준의 통제와 통합 역할이 중요하며, 전략과 계획이 경쟁 우위에서 차지하는 비중도 커진다.

통상 조직 구조는 환경 변화의 속도와 조직 관리 측면에서 기능 조직에서 프로세스 조직으로 변천하고 있다. 환경 변화가 느리고 내부 효율성이 높은 군대나 제조 공장 같은 조직은 기능 조직이 적합하다. 대량 생산의 자동화와 시스템이 중심이 되면 사업부별 조직이 필요하며, 글로벌 경영처럼 다양화와 지역별 세분화가 요구되는 경우에는 매트릭스 조직이 효과적이다. 정보화 시대처럼 빠른 의사 결정과 실행이 필요한 경우에는 임시 조직인 팀제가, 지식 사회의 유기적 상황에서는 자율적인 프로세스나 네트워크 조직이 적합하다. 대기업의 경우에는 하나의 조직 구조만 고집하기보다 직군 특성에 맞는 조직 구조를 병행하는 것이 바람직하다.

조직 구조 못지않게 중요한 것은 조직 관리이다. 조직은 지속 성장을 목적으로 하며, 그 규모의 성장과 더불어 관리 방식도 성숙해야 한다. 기업의 생애 주기를 크게 4단계(창업기 – 성장기 – 성숙기 – 쇠퇴기)로 볼 때, '사람에 의한 경영 – 시스템에 의한 경영 – 문화에 의한 경영'으로 변천한다. 창업기의 기업은 조직과 사람의 규모가 작기 때문에 최고경영자 중심의 관리가 가능하다. 대부분 중소기업에서는 최고경영자의 영향력이 절대적이다. 통제 범위 안에서 신속하고 책임 있는 결단이 필요하기 때문에 최고경영자에 의한 관리가 이루어진다.

그러나 기업 매출이 국내를 넘어 글로벌로 확대되면 조직과 인력 규모가 급격히 커지면서 사람에 의한 관리만으로는 한계에 도

달한다. 결국 시스템에 의한 관리 체계가 필요해진다. 하지만 시스템에 의한 관리는 조직과 개인의 창의성을 제약해 틀 안에서 역할과 책임만 수행하게 하고, 이로 인해 조직이 경직화될 가능성이 높다. 국제 경제 환경 변화가 급변하는 성숙 단계에서는 제도와 규칙만으로는 경쟁 우위를 확보하기 어렵다. 이때는 조직과 구성원의 성숙함을 바탕으로 한 자율적이고 주도적인 문화 경영이 필요하다.

| 조직구조 설계의 요소와 단계

조직은 살아있는 생명체와 같다. 환경과 내부 여건, 관리의 성숙도에 따라 수시로 변화를 거듭한다. 환경이 변하고, 고객의 니즈가 변하고, 경쟁업체의 수준도 변하고, 제품과 서비스의 본질 또한 변한다. 세상은 변하는데 기존의 틀, 전략과 제도를 그대로 유지하면, 바람직한 가야 할 방향과의 차이가 발생한다. 이 차이가 벌어지고 길어지면 회사는 경쟁력을 잃고 도태될 수밖에 없다. 변화를 앞지르지는 못할망정 뒤처져서는 곤란하다.

조직이 전략을 낳는 시대이다. 조직 구조는 단순하게 조직도를 변경하는 수준이 아니다. 환경에 따른 사업, 전략, 기존 조직과 인력의 경쟁력, 조직의 역할과 책임, 직무와 성과 요소 등 전체를 보며 결정해야 한다.

조직 구조 설계 요소는 다음과 같다.

1) 조직의 크기, 단계 및 범위 : 주어진 목표 달성을 위해 직무 활동의 구분, 보고 체계, 바람직한 조직의 크기·단계·범위 등을 정하는 것

2) 역할과 책임 : 특정 직무를 수행하기 위한 조직과 개인의 역할과 책임의 규명

3) 직무 분석 : 조직 내 수행해야 할 직무에 대한 크기, 범위, 내용에 대한 정의

4) 조직 구성원 : 조직이 수행할 직무를 담당하는 직무 담당자의 역량별 인원 체계

5) 지식과 경험 : 조직의 직무를 수행하기 위해 필요한 지식과 스킬, 경험 등의 체계

6) 핵심 성과 지표 : 조직과 개인의 업무 성과를 점검하고 측정하기 위한 지표

이러한 조직 구조 설계 요소를 기반으로 **조직 구조 설계는 크게 4단계**로 진행할 수 있다.

첫 단계는 현 수준 파악이다. 현 회사의 사업, 제품과 서비스, 인적·물적 현황과 전략 등을 진단하여 내부 조직 과제를 도출하는 단계이다.

둘째 단계는 경쟁사 또는 유사 기업과의 비교이다. 국내외 동종 사 벤치마킹, 사례 연구, 전문가 의견 청취 및 자문 등을 통해 조

직 설계의 개략적 틀을 구상하는 단계이다.

셋째 단계는 조직 재설계이다. 조직 설계 원칙, 바람직한 조직 설계 모델 도출, 상·하위 조직을 설계하는 단계이다. 조직의 회사에 미치는 영향, 규모, 직무의 적절성, 인원, 외부 조사 결과 등을 고려하여 결정한다.

넷째 단계는 확정된 조직에 대한 관리 방안 수립이다. 조직의 역할과 책임에 대한 직무와 인원별 업무 분장의 확정, 성과 지표의 수립과 점검 피드백을 체계화한다.

| 리더가 살펴야 할 조직의 이슈

확정된 조직은 생존과 성장하기 위해 주어진 역할과 책임 이외의 과제를 찾고 전략을 세워 추진을 하게 된다. 조직의 직무와 그 직무를 수행할 인원이 늘어날수록 조직을 없애기는 쉽지 않다. 회사 경영상 큰 변화가 없다면, 통상 연말 임원 인사를 앞두고 조직 개편 정도의 수정이 이루어진다.

변하지 않는 조직은 어느 순간 매너리즘에 빠지며 정체되게 된다. 조직은 갈수록 비대해진다. 이전에는 존재하지 않았던 조직과 개인 이기주의의 발생으로 갈등은 증대되고 성과는 감소되는 상황이 발생하기도 한다. 그렇다고 매년 여러 차례 조직을 개편하면 구성원들은 불안해하며 집중하지 못한다. 따라서 사업과 직무

특성에 따라 조직 구조를 적절하게 가져가는 것이 중요하다.

제조업의 대기업이라면 생산은 안정 지향의 변화가 적은 기계 조직 구조, 영업과 경영 관리는 팀제와 임시 조직, R&D는 프로젝트나 프로세스 중심의 유기적 조직이 바람직하다.

조직과 관련하여 리더가 살펴야 할 이슈는 다음과 같다.

1) 매년 담당하는 사업과 조직의 대내외 경영환경, 사업과 회사의 현재와 미래 전략, 조직 내부 역량 등을 고려하여 **조직 재설계**를 해야 한다. 사람을 고려한 조직 설계가 아닌 조직 그 자체를 놓고 설계가 이루어져야 한다.

2) **조직의 역할과 책임에** 대한 조치이다. 조직구조 못지않게 조직이 수행할 역할과 책임은 중요하다. 조직 이기는 조직의 R&R(Role & Responsibility) 갈등도 큰 원인이다. 매년 조직의 역할과 책임을 점검하여 갈등 요인을 제거하고, 새로운 환경 변화에 맞도록 R&R을 조정해야 한다.

3) **조직 유형별 관리**이다. 강한 조직은 더 키우거나 도전 직무를 부여하여 성과를 창출하게 하고, 약한 조직은 컨설팅, 조직장 교체, 조직 통합 등의 조치로 보완해야 한다.

4) **조직장에 대한 선발과 유지관리**이다. 조직에 적합한 조직장을 조기에 선발하고, 그들이 팀워크와 성과 창출을 이끌도록 지원해야 한다. 경영자가 될 관리자는 별도 관리하며, 문제가 있는 관리자는 기회 부여 후 개선되지 않으면 보직 해임

을 해야 한다. 매년 조직장이 보다 더 높은 성과를 위해 맡은 바 역할과 열정을 다하도록 해야 한다.

조직을 책임지는 리더는 항상 깨어 있어야 한다. 길게, 멀리 바라보며 담당 조직과 구성원의 성장과 성과를 이끌어야 한다. 리더가 전문성을 갖추고 전체를 바라볼 수 있는 역량이 중요한 이유가 바로 여기에 있다.

02

조직의 원칙이 왜 중요한가?

| 리더의 무관심

A팀장에게 내년도 사업계획을 작성해 보고하라고 했다. A팀장은 팀원 중 가장 고참이면서 일 잘하기로 소문난 B수석을 불렀다. "B수석, 다음 주까지 팀원들과 함께 내년도 사업계획 초안을 작성해 줘요." 지시한다. 어떤 방향과 중점 과제를 무엇으로 하라는 말 한마디 없었다.

B수석은 팀원들 전부를 회의실에 모아, 내년도 사업 계획과 관련하여 자신이 담당하는 직무의 개선 또는 도전 과제를 3개씩 뽑아 과제 명, 현황, 추진 계획, 기대 결과물, 측정 지표를 과제별 1장에 작성해 다음 주 수요일까지 제출하라고 했다.

팀원 중 입사 2년 차인 한 사원이 "아이~ 할 일도 없는데 무슨 3개씩이나 해"라며 나지막이 불만을 토로한다. 옆에서 하지 말라고 하는데, "왜 B수석님이 이런 지시를 하냐?"라고 묻는다.

B수석은 자신도 기분 좋아서 요청하는 것은 아니었고, 까마득한 후배가 팀원 전체 앞에서 불만을 토로하는 것에 화가 났다. 그러나 전체가 있는 자리인 만큼 인내하며 “최대한 부탁드립니다. 다른 질문이 없으면 마치겠습니다.”라고 했다. 그러자 C사원이 “자기 할 말만 하고 끝낸다.”라고 속삭였다.

이에 B수석은 “C사원, 불만이 있으면 말할 기회를 달라고 한 후 크게 얘기하세요. 그렇게 비겁한 행동하지 마세요.”라고 질책했다. 그러자 C사원은 ‘비겁하다’라는 말에 화를 내며 “아무 말이나 함부로 하지 마라”라고 맞받아쳤다. 주위에서 말렸으나, 오가는 말이 거칠어지고 결국 싸움이 일어나 B수석의 얼굴에 상처를 입는 일이 발생했다.

시끄러운 소리에 회의실을 찾은 A팀장은 “모두 자리에 돌아가 일하라”라는 말만 남기고 밖으로 나가버렸다. 결국 문제가 확산되어 회사는 징계위원회를 개최하였다. 여러분이 징계위원이라면 누구를 징계하고, 어떻게 조치하겠는가?

| 조직이라면, 원칙이 있어야 하고 지켜져야 한다

문제를 일으키는 직원 못지않게 질책을 받아야 하는 사람은 조직장이다. 조직장이라면 조직과 구성원을 관리해야 하는 책임이 있다. 직원이 빈번하게 문제를 일으키고 부서장이 이에 대처하지 못한다면, 그 이유 중 하나는 원칙이 없기 때문이다.

가정에는 가훈이 있다. 집의 가훈은 '서로 사랑하자'이다. 아이들이 싸우는 일이 있으면 가훈을 언급했다. 서로 어깨동무를 하고 앉았다 일어나면서 "서로 사랑하자"를 100번 외치게 하는 것이 벌이었다. 말이 100번이지 힘든 처벌이었기에, 싸울 일이 있어도 부모의 눈앞에서는 참았다.

직장에서는 핵심 가치 또는 그라운드 룰이 있다. 근무했던 회사의 핵심 가치는 신뢰, 유연, 도전, 탁월이었다. 그중 '신뢰'의 정의는 '자신의 역할을 다하고 서로 믿고 존중한다.'였다. '도전'은 '높은 목표를 설정하고 혼신의 힘을 다한다.'였다. 자신의 역할을 다하지 않거나, 높은 목표가 아니면 조직장은 핵심 가치를 강조하면 되었다. 핵심 가치는 조직과 구성원을 한 방향으로 정렬시키는 원동력이고, 생각과 행동의 기준이 되었다.

근무했던 부서에는 조직장이 직접 만든 규칙이 있었다. 그중 하나가 '자신이 한 언행에 대해서는 책임을 진다.'였다. 이 규칙을 지키는 조직장은 지키지 않는 직원에 대해서 단호했기 때문에, 적어도 이 조직장과 함께 일할 때는 거짓말하거나 책임을 회피하는 직원은 없었다.

조직의 팀워크를 강하게 하고, 주어진 목표를 달성하며, 성장과 성과를 창출하는 요인은 무엇일까? 조직이 담당하는 일의 가치, 팀원들의 직무 역량과 성숙도, 조직장의 탁월한 리더십, 우호적 내·외부 환경, 회사의 전폭적인 지지와 지원 등 다양하다. 하지만 가장 중요한 하나를 꼽으라면, 그것은 **조직의 가치 체계**이다. 크게 3가지 요소로 구성된다.

> 1) 이 조직이 왜 존재하는가?
> 2) 달성하고자 하는 목표가 무엇인가?
> 3) 그것을 달성하기 위한 우리의 가치는 무엇인가?

가정에 가훈이 없거나 직장에 핵심 가치가 없어도 망하지 않는다. 사실 없는 곳도 많다. 부모가 올바른 생각과 행동으로 솔선수범하여 자식들에게 모범이 되면 가훈보다 더 영향력이 크다. 리더가 올바른 품성으로 방향과 전략을 정해 조직과 구성원을 성장시키고 성과를 창출하게 한다면, 핵심 가치나 그라운드 룰이 없어도 문제가 되지 않는다.

그러나 가훈이나 핵심 가치가 있다면, 보다 쉽게 한 방향으로 정렬할 수 있다. 가야 할 방향을 정하고, 결정하거나 실행할 때 기준이 되며, 실행력을 높여준다.

원칙이 있어도 실행하지 않으면 곤란하다.

A회사에 근무할 때 일이다. 모든 회의실과 사무실에는 액자 속에 핵심 가치와 그 정의가 걸려 있었다. 회의를 할 때마다 그 정의를 낭독하게 했다. 1년이 지난 후, A회사의 CEO는 임직원 모두가 핵심 가치와 정의를 외우고 있을 것이라 생각했다. 그래서 승진자 시험에 핵심 가치와 정의를 쓰라고 했다.

CEO는 액자를 떼어낸 상태에서 경영 회의를 시작하였다. 과연 승진자 시험에서 핵심 가치와 정의를 다 쓴 직원은 몇 명이었을까? 액자가 없는 상태에서 정의를 외친 경영진은 몇 명이었을까?

내재화되지 않고 단지 액자 속에 걸려 있는 가훈이나 핵심 가치는 아무 의미가 없다.

리더가 '이것만은 반드시 지키자'라고 강조하면서도 정작 자신은 지키지 않는다면, 구성원은 이를 보며 '이 또한 지나가리라'라고 생각하지 않겠는가?

03

기본은 지켜져야 한다

| 어린아이가 무엇을 배우겠는가?

주변에서 얼굴 붉히게 하는 일들을 경험한다.

- 무거운 몸을 이끌고 어렵게 지하철을 탔는데, 임산부 좌석에 남자가 앉아 눈을 감고 있다.
- 식당이나 공공장소에서 순서를 기다리는데, 50대로 보이는 여성분이 새치기를 한다.
- 앞에 가던 사람이 길에 쓰레기를 버린다.
- 내리막길에서 위에서 빠르게 타고 내려오는 자전거.
- 교통량이 적은 동네 골목길, 모두가 신호등을 기다리는데 그냥 건너는 사람들.
- 뒤에 사람이 오거나 있는 것을 알면서도 문을 열고 그냥 놓아 버리는 사람.
- 엘리베이터에 가장 늦게 탔는데 정원 초과임에도 내리지 않는 사람.
- 거리에 쓰러져 고통 받고 있는 사람을 못 본 척 지나치는 사람들.

수많은 불편한 현실과 마주쳤을 때, 어떻게 하는가?

어린 시절, 시골에서 학교 다닐 때는 동네 어르신이 지나가면 모두 인사를 했다. 자전거를 타고 가던 형이나 삼촌들은 다 내려 인사하고 출발했다. 지금은 동네 어르신이 누구인지조차 모른다. 하긴 아파트 같은 동의 주민도 모르고, 엘리베이터를 함께 탔는데 인사하는 사람도 없다.

시대와 상황이 바뀌었다는 것은 알고 있다. 40년 전과 비교하여 보다 풍요롭게 되었는데, 아쉬운 점은 기본을 지키며 예의를 아는 마음과 행동이다. 나만 편하고 좋으면 된다는 생각이 가득한 사회에서 태어나 자라는 아이들이 무엇을 배우고, 어떻게 생각하며, 어떤 행동을 하게 될까, 걱정된다.

| 불편한 현실, 어떤 결정을 내리는가?

경영학에서는 상황에 따른 결정을 강조하곤 한다. A가 아니면 B의 이분법 논리보다는, 상황에 따라 적절한 의사결정을 내리는 것이다.

예를 들어, 업적 평가와 역량 평가를 실시하는 회사에서 업적과 역량의 비율을 어떻게 가져가는 것이 옳은가 하는 논의가 있었다. 회사는 성과 중심이기 때문에 역량보다는 업적의 비중이 높아야 한다는 주장, 업적과 역량은 모두 중요하니까 반반으로 해야 한다는 주장도 있었다.

결론은 '대상자에 따라 다르다.'였다.

- 임원은 성과로 평가받는 자리이므로 업적 10 : 역량 0이 맞다. 역량이 안 되면 애초에 임원이 되어서는 안 된다는 것이 압도적이었다.
- 팀장은 업적과 역량을 8 : 2 수준으로 보는 게 합리적이었다.
- 팀원은 직급 단계별로 다르지만, 역시 업적 비중이 더 높아야 한다는 의견이 지배적이었다.

살면서 불편한 현실 사례도 상황론적 판단을 해야 하지 않을까?
- 식당이나 공공장소의 새치기, 뒤차의 추월 등은 그냥 양보한다.
- 길에 버려진 쓰레기나 강아지 대변 같은 것은 기회가 되면 직접 처리한다.
- 조금 불편하지만, 문제가 발생하지 않을 때는 즐거운 마음으로 양보한다.

그러나 갈등이 발생할 소지가 있는 상황에서는 소극적으로 행동하는 자신을 보게 된다.

공공장소에서 다투고 있는 젊은이, 버스나 지하철에서 소란 피우는 취객, 어른다운 행동을 하지 못하는 분들을 마주쳤을 때, 적극 대처하지 못하고 피해 가게 된다.

여러 이유가 있다.

자신이 적극 개입했을 때, 행한 사람들이 죄송한 마음으로 부적절한 행동을 하지 않는다는 믿음을 준다면 다들 적극 개입할 것이다. 그 과정이 선순환을 만들어내어, 부적절한 행동을 하던 사람들은 타인에게 피해를 주는 것이 부끄러워 이런 행동을 더 이상 하지 않을 것이다. 이것이 바로 보이지 않는 사회의 가치이며 문화로 자리 잡을 수도 있을 것이다.

하지만 문제가 생겼을 때, 모든 피해를 자신이 감수해야 한다면 어떨까? 오히려 사회가 불의에 맞선 사람들을 인정하기보다는 어리석다고 하거나, 피해 발생 시 책임을 지게하고, 주제넘게 왜 그런 행동을 했느냐는 비난을 한다면? 이런 사회에서 용기와 도덕이 뿌리내릴 수 있을까?

어른이 되어 학생 또는 젊은이들이 잘못하면 불러서 잘못한 것을 이야기하고, 다시는 하지 않도록 타이르는 것이 옳다고 배웠다. 그러나 막상 어른이 되고 보니, 복잡한 도로에서 민망하게 입고 다니는 젊은이, 넓은 도로에서 싸우는 학생, 심한 경우 술에 취해 거리에 쓰러진 사람을 깨우는 것도 쉽지 않다. 모두가 무시하거나 피해 버리면 큰 문제라는 것을 알면서도, 갈수록 비겁해지는 자신을 보게 된다.

기업에서도 마찬가지다.

회사가 정한 규정이나 이어 내려오던 관행을 지키지 않는 직원을 리더가 방치하는 것이 과연 옳은가? 좋은 것이 좋다는 식으로 대충대충 넘어가는 것이 합당한가? 기업의 내부 구성원에게 올바른 모습과 기본을 강조하고, 행하게 하는 것은 불가능한가? 나부터 변하라고 배웠는데, 임원과 관리자인 리더의 솔선수범을 기대하는 것은 무리인가?

기업은 혼자 할 수 없고, 더불어 한 방향으로 정렬하여 성과를 만들어 가야 하는 곳이다. 못 배운 사람도 없고, 성숙도도 높은 곳이 기업이다. 그렇기에 기본은 지켜지며, 보다 성숙한 삶을 이끌어 갈 수 있도록 **리더가 솔선수범의 모범**을 보여야 하지 않겠는가?

조직도 유형별 관리를 해야 한다

| 많은 기업이 인력 유형별 관리를 하고 있다

민간 기업은 인력에 대한 유형별 관리를 공개, 비공개로 시행한다. 우수 핵심 인력은 금전적·비금전적 보상을 통해 특별 관리한다. 이들은 높은 수준의 역량과 전문성, 성과 창출 능력을 갖추어 회사에 기여하며 경쟁력의 한 축을 이룬다. 이들이 퇴직하면 수행하던 프로젝트가 잠정 중단되고, 이는 곧 엄청난 손실로 이어질 수 있다. 그래서 회사는 개별 관리와 별도 보상 제도를 통해 이들이 높은 성과를 내도록 한다.

반면, 저성과 인력은 기회를 주고도 개선되지 않으면 법적 소송을 각오하고 퇴직 조치를 진행한다. 저성과 인력은 단지 자신의 업무에 피해를 주는 것에서 그치지 않는다. 조직 전체의 분위기를 불신과 패배로 전염시킨다. 한 사람의 잘못으로 인해 다른 구성원과 조직이 힘들어하고 피해를 본다. 고객에게는 잘못된 일 처리로 회사 이미지를 실추시키며, 조직은 점점 피곤해진다.

저성과 인력이 출근하면 "제발 아무 일도 하지 않길 바란다."라는 말이 나올 정도다. 정작 본인은 자신이 팀과 동료들을 얼마나 힘들게 하는지 모른다. 오히려 타 팀과 직원에게 불평·불만과 비난을 일삼고, 외부 기관에 투서를 넣어 감사를 유발하기도 한다. 조직장으로서 가장 힘든 일은 이런 저성과 인력 때문에 기존 인력들이 지쳐가고, 결국 어느 순간부터 저성과 인력처럼 행동하게 된다는 점이다.

유형별 관리는 인력에만 국한되어서는 곤란하다. 조직도 유형별 관리가 필요하다. 팀워크가 강하고 성과가 높은 조직도 있지만, 반대로 엉망이며 적자를 내고 제 역할을 못 하며 협력조차 되지 않는 조직도 있다.

회사는 지속적으로 성장해야 하기 때문에, 우수 핵심 조직은 더 성장하도록 적극 지원하고 확대해야 한다. 반면 저성과 조직은 관심을 갖고 진단과 컨설팅, 조직장 교체 등을 통해 개선을 시도해야 하며, 그래도 변화가 없으면 조직 통폐합을 통해 저성과의 고리를 끊어야 한다.

| 조직 유형은 어떻게 구분할 것인가?

50개 팀이 있는 회사가 있다. 50개 팀이지만, 각각 역할과 회사에 미치는 영향도 다르고, 일에 대한 전문성도 다르다. CEO는 모든 팀이 다 중요하다고 하지만, 특히 중요한 일을 수행하는 팀에 대해서는 별도 관리할 필요성을 느꼈다. 인사담당 팀장을 불러 조직을 차별적으로 운영하는 안을 만들어 경영 회의에서 발표하라고 지시했다.

당신이 인사담당 팀장이라면 어떻게 안을 만들겠는가?

50개의 팀을 우수·핵심, 유지, 저성과 조직으로 구분하는데, 어떤 기준으로 어떻게 해야 할 것인지 막막하기만 하다. 가장 먼저 해야 할 일은 기준을 만드는 것이다.

첫째, 가장 중요한 것은 회사에 미치는 **재무적 영향**이다.

영업, 생산, R&D와 같은 사업 조직은 점수가 높을 수밖에 없다. 비사업 조직 중 현재와 미래 방향을 정하는 업무도 사업 조직에 준하는 영향을 갖도록 한다.

둘째, **3개년 조직 평가**이다.

해당 조직의 3개년 평가 결과를 점수화하여 2 : 7 : 1의 비율로 조직을 구분하고 점수를 부여한다. 이는 인사 부서에서 직접 실시한다.

셋째, **조직 역량**이다.

팀원의 직무 전문성 수준, 조직 결속력, 조직문화 활성화 등의 10개 문항을 중심으로 조직 역량을 진단한다. 성과와 동일하게 2 : 7 : 1의 비율로 구분한 후 이에 따른 점수를 부여한다.

넷째, **사업부장이 생각하는 조직의 중요도 점수이다.**

사업과 연계하여 조직의 중요도를 100점 만점 기준으로 평가하고, 순위에 따라 10점 단위로 점수를 부여한다.

이렇게 4개의 영역별 구분에 따른 점수, 영역별 가중치를 고려하여 50개 팀의 총점을 중심으로 2(우수·핵심 팀) : 7(유지 팀) : 1(저성과 팀)로 구분한다. 이러한 구분 후, CEO 포함 경영진이 최종 결정을 내리면 된다.

| 유형별 조직 관리 어떻게 할 것인가?

회사가 유형별 조직 관리를 한다는 것은 우수·핵심 조직, 유지 조직, 저성과 조직을 구분하여 각각 다른 차별화된 관리방안을 가져가는 것이다. 이를 통해 조직과 구성원의 성장, 회사의 성과 창출, 성과 중심의 조직문화가 되도록 해야 한다.

그러면 어떻게 우수·핵심 조직을 이끌어 갈 것인가?

첫째, 궁극적으로 모든 조직이 우수·핵심 조직과 소통하고 협업하여, 높은 성과를 내도록 가져가야 한다.

둘째, 우수·핵심 조직이 전문 지식과 통찰력으로 경쟁사보다 빠르게 잠재 니즈를 파악하고, 신속하게 신제품 또는 프로세스를 개발하여 새로운 기회를 창출할 수 있도록 경영층의 관심과 참여가 절대적이다.

셋째, 시장에서의 지속적 경쟁 우위를 확보하기 위해, 성과 중심의 시스템과 프로세스를 잘 구축해야 한다.

넷째, CEO와 경영층이 우수·핵심 조직에 대한 인센티브 설계, 도전 과제 부여, 분기 성과 토론회 등에 적극 참여하여 진정성 있는 강점 강화 경영이 되어야 한다.

다섯째, 조직 평가를 실시하여 우수·핵심 부서가 뛰어난 평가를 받을 수 있도록 하고, 조직 평가의 결과가 소속 구성원에게 반영되어 활용되어야 한다.

여섯째, 조직 유형별 관리를 총괄하는 부서(HR)가 있어야 하며, 이 부서를 중심으로 우수·혁신 조직의 성공 사례를 적극 개발하여 교육 및 홍보를 해야 한다.

반면, 저성과 조직은 가장 먼저 원인을 명확하게 파악하여 현실을 인식하는 것이 중요하다. 사업을 책임지는 리더라면, 저성과 조직에 대해 다음과 같이 3단계를 통해 성과를 창출하는 조직으로 변화를 이끌어야 한다.

첫째, 저성과 조직에 대한 내부 컨설팅 추진이다. 근본 원인을 찾고 개선안을 만들어 새 출발할 수 있도록 한다.

둘째, 개선안을 주고 지원했지만, 변하지 않으려 하거나 성과가 없으면 조직장을 교체하여 위기의식을 심어준다. 새 조직장에게 강력한 과제를 부여하여 변화와 성과를 이끌도록 한다.

　셋째, 조직 통폐합이다. 목표도 의욕도 없는 조직과 인력을 이끌어 가는 것은 무리다. 조직을 통폐합하여 기존 조직이 해야 할 일을 타 조직에 넘기고, 구성원에 대한 개별 조치를 하는 것도 한 방법이다.

05

직급 체계, 축소해야만 하는가?

| 중소기업 CEO의 고민

강의 도중 한 중소기업 CEO의 전화가 울렸다. 짧은 휴식 시간에 전화를 받으니, 요즘 대기업처럼 직급 체계를 단순화해야 하는지에 대한 문의였다. 10분 만에 답할 수 있는 사안이 아니어서 점심이나 저녁에 따로 시간을 내자고 했고, 그는 경영본부장, 영업본부장, 생산본부장, 인사팀장과 함께 논의하자며 별도 일정을 잡았다.

중소기업이 팀원의 직급 체계를 단순화하는 이유는 2가지인 듯하다.

하나는 주거래 기업인 대기업이 직급 체계를 단순화했기 때문이다. 구체적인 단순화 이유를 파악하지 못하고, 두리뭉실하게 팀원의 직급을 폐지하여 수평적 문화와 열린 소통을 하기 위함이라고 한다.

다른 하나는 내부 젊은 직원들의 요청이다. 과장, 차장, 부장으로 있는 팀원들이 자신의 직급을 내세워 무리한 요청을 하거나 권위적인 언행을 한다는 것이다. 직급이 없으면 상호 존중의 문화가 될 것이라는 생각이다.

CEO는 인간 존중의 철학을 실천하고, 열린 문화를 가져가는 수단으로 직급 체계 단순화가 도움이 될 것이라고 말한다. 경영과 영업 본부장도 수긍한다. 특히 영업본부장은 영업 사원이 대리 이하이면 고객이나 거래처 담당자가 신뢰하지 않는 경향이 있다며, 직급을 없애고 다른 회사가 하는 것처럼 모두 프로라고 호칭하는 것이 좋겠다고 강조한다.

생산본부장은 조금 난색을 표명한다. 생산 현장은 위계가 분명해야 사고가 일어날 확률이 낮고, '선배에 의한 후배 지도'가 되어야 하는데, 같은 직급에 같은 호칭을 사용한다면 위계가 무너질 것이 아닌가? 생산 현장은 일반 사무직과 달리 조장, 계장, 기장과 같은 직급 체계를 직책 개념으로 사용해 왔는데, 전부 프로로 가면 현장 운영이 쉽지 않다고 했다.

당신이 CEO라면 어떤 결정을 내리겠는가?

| 직급 체계 개편 동향

현재 10대 그룹의 회사 중에서 팀원에 대해 과거의 9직급 체계를 유지하는 회사는 없다. 그러나 과거에는 많은 기업이 9직급 체계(사원1 – 고졸, 사원2 – 전문대졸, 사원3 – 대졸, 주임, 대리, 과장, 차장, 부장, 담당 또는 이사 대우)를 운영했다. 대부분의 기업이 동일한 직급 체계를 사용했으므로 과장이라고 하면 몇 년 차 정도이며 어느 정도 지식이나 경험을 갖추고 있는지 감을 잡을 수 있었다.

현재, 팀원에 대한 직급 체계 운영은 그룹별 차이가 있다. 팀원에 대한 직급 체계 자체를 없앤 그룹도 있고, 3단계로 단순화한 그룹도 있다. 직급 체계 단순화는 이제 트렌드라기보다 당연한 일이 되어가고 있다.

대부분의 그룹이 직급 체계 단순화를 통해 얻고자 하는 바는 '직위·직급 중심의 현 인사 체계를 역할·능력·성과 중심으로 개편하여 보다 창의적이고 수평적으로 일하는 문화를 구축해 나가는 것'이다. 크게 보면 3가지다.

첫째, 직급 간 역할 명확화와 권위적 호칭을 상호 존중의 변경으로, 유연하고 수평적으로 일하는 방식으로의 변화를 꾀하고자 한다.

둘째, 상위 직급에 대한 역할 수행 잠재력과 지식과 역량을 갖춘 인재의 발탁을 통한 젊은 관리자와 경영자의 조기 육성, 역량과 성과 있는 인재의 활용이다.

셋째, 성과에 따른 차별적 보상과 조직 성과와 개인 성과 및 보상과 연계를 통한 성장 비전 및 능력 발휘 기회를 확대하는 데 있다.

요약하면 '**역할**에 따른 직급 간소화·**능력** 중심의 빠른 성장·**성과**에 대한 차별 보상'이 진정한 목적이다.

| 직급 체계 개편 시 고려사항

지금 직급 체계를 확대하는 기업은 찾아보기 힘들다. 대부분 직급 체계를 단순화하고 있다. 직급 체계 단순화는 결코 가벼운 일이 아니다. 인사 제도의 근간을 바꾸는 일이다. **직급 단계에 따른 역할 정의 및 구분, 직급과 연동되는 호칭**(직위), **급여 밴드, 직급별 최소 체류 연한, 승진 기준 등과 정합성, 조직문화, 동기부여 영향, 인력구조**(고직급화), **승진적체, 임금수준 조정**(인건비 부담) **등 고려할 점이 많다. 당장 팀원들의 승급 제도는 큰 변화가 일어날 수밖에 없다.**

9직급 체계에서는 여덟 번 승급 기회가 있지만, 3직급 체계에서는 두 번밖에 없다. 대기업은 승급을 했을 때, 승급 가급이 있다. 승급 가급은 고정급으로 회사와 개인 모두에게 중요한 급여 항목이다. 승진 기회가 적다는 것은 반대로 보면 인건비 감축이 될 가능성이 높다.

9직급 체계에서는 직급별 직위 호칭이 있다. 주임, 대리, 과장, 차장, 부장 등의 호칭을 2~3직급에서는 반영할 수가 없다. 결국 새로운 호칭을 사용해야만 한다. 선임, 수석, 책임이라고 하거나,

'프로'와 '~님'으로 통일하기도 한다.

가장 큰 이슈는 직원들의 사기이다. 과장 이상 부장이 한순간 같은 팀원으로 '님'이나 '프로'로 불린다. 기업을 잘 모르는 지인들은 '선임'이 무엇이고 '수석'이 무엇이냐고 묻는다. 직위가 없고 이름 뒤에 프로라는 호칭이 있으면 궁금해 하는 것은 당연하다. 과장이거나 부장이면 어느 정도 조직 내 위치가 있다고 생각한다. 직급 체계 단순화로 사회적 위상 저하도 큰 이슈이다.

[참고] 직급 설계 시 고려사항

HR	보상	Cost	·다단계 직급체계일수록 비용발생 가능성 고려
		Reward	·수평적 직급체계일수록 승진에 따른 동기유발에 불리한 점 고려 – 역량과 보상 별도 운영 검토 필요
	경력개발	조직 life cycle	·입사 후 부장직급까지 도달하는 가설적/평균적 시간 선정 –예) 15년 (3–4–4–4), 16년 (4–4–4–4), 18년 (4–4–5–5)
		역량단계	·역량성장 단계를 가설적으로 구분 – 학습, 적용, 지도, 진단/컨설팅의 4단계로 구분
조직		직무가치/특성	·직무의 수직적 가치 구분체계 기준으로 활용 – job/position evaluation ·Career area별 특성 고려
		역할 단계	·조직 내 의사결정 단계 고려 공식적/비공식적 의사결정 흐름
사회		사회적 위상	·사회에서 통용되는 호칭체계 고려 직급과 matching –호칭은 조직사회/대외적 위상에 대한 상징으로 작용

| 직급 체계 개편에 대한 제언

현재 많은 기업이 직급 체계를 단순화하는 목적은 기존 유지보다는 긍정적인 효과가 크기 때문이다. 위계 관계를 떠나 수평 문화를 통해 보다 열린 유연한 조직문화를 구축할 수 있다. 무엇보다 성과·역량 중심의 인사 구현이다. "성과 있는 곳에 보상이 있다"라는 성과주의 원칙을 보다 강하게 추진할 수 있다.

기존 체계 하에서는 한 직급에서 통상 2~4년 만에 승급이 이루어졌다. 체류 기간이 승급의 중요한 기준으로 작용한 것이다. 한 직급에서 1년 만에 발탁하는 것은 쉽지 않았다. 하지만 직급 단순화가 되면 체류 기간 자체가 의미 없게 된다. 성과와 역량 중심의 발탁이 일상화되어 뛰어난 인재는 더 빨리 앞서갈 수 있는 길이 열리게 된다.

직급 체계 개편의 중요 이슈는 인건비, 호칭, 직급별 역할, 성장 경로, 사기 저하다. 리더라면 사업 특성, 임직원의 생각, 조직문화, 일하는 방식 등을 감안하여 단순화할 것인가, 유지할 것인가를 결정해야 한다. 건설업과 보험업처럼 인적 요인이 큰 영향력을 미치고, 선배에 의한 후배 육성이 중요한 회사는 직급 체계를 유지하는 것도 바람직하다. 직급 체계의 설계는 여러 고려 요인을 충분히 검토하고 신중하게 결정해야 한다.

　　직급 체계 설계와 운영이 성공적으로 추진되기 위해서는, 개선 제도 도입 전에 구성원을 모아 설명해야 한다. 왜 직급 체계를 추진해야 하는지, 대상과 방법, 파급 효과는 무엇인지 소상히 알려 줘야 한다. 중간 중간 과정 진행 사항에 대해서도 현업 조직장에게 설명해야 한다. 직급 체계가 완성되면 현장 조직장을 불러 추진 경과 발표와 향후 대책을 공유하며, 사전 준비와 열린 소통을 강화하는 것이 무엇보다 중요하다. 직급체계에 따른 보상, 승진, 이동, 육성 제도의 정비는 신중하게 사전 단계부터 검토하여야 한다.

06

팀 간 의견이 조율되지 않을 때의 해결방법

| 협업이 안 되는 이유

A과장이 얼굴이 붉어진 채 "A팀과는 함께 일할 수 없다."라며 책상에 앉아 분노의 타이핑을 한다. 화가 난 모습에 분위기가 어두워지는 면도 있고, A과장의 화를 풀어줘야 한다는 생각에 그에게로 다가갔다. "무엇이 김 과장을 화나게 했을까? 도움은 되지 않겠지만 무엇을 도와줄까?" 물었다. A과장은 재무팀에 업무 요청을 했지만, 바쁘다는 이유로 일언지하에 거절당했다며, 자신들이 요청했을 때는 바빠도 도와줬는데 해도 해도 너무 심하다며 억울함을 토로했다.

A프로젝트는 매우 도전적이고 위험부담이 큰 과제라 모든 팀장이 기피하던 일이었다. 그런데 CEO는 이 프로젝트를 팀장 중 가장 신입인 김 팀장에게 맡겼다. 김 팀장은 프로젝트 수행을 위해 생산팀의 전폭적인 지원이 필요했기에 생산팀장을 찾아가 전

체 골격과 단계별 해야 할 일, 그리고 생산팀이 맡아야 할 과제를 협의했다. 그러나 생산팀은 돌발 수주와 불량 처리 등으로 납기를 맞추는 데 급급한 상황이었다. 생산팀장은 상황을 설명하며 긴급 사태가 종료되는 3일 후에 핵심 팀원과 함께 미팅을 하자고 제안했다. 김 팀장도 이를 이해하며, 그 3일 동안 세부 과제에 대한 자료 조사와 분석을 하고 협조 사항을 구체화하겠다고 했다.

3일 후 각 팀 전문가 4명씩, 총 10명이 모여 미팅이 진행됐다. 김 팀장은 '반드시 해야만 하는 도전 과제'임을 강조하며 기존 방식과는 다른 혁신적 방법을 설명했다. 반면, 생산팀은 '안전이 최우선'이라며 보수적 의견을 굽히지 않았다. 새로운 기법은 위험이 크다는 것이었다.

결과적으로 두 팀의 안은 기간만 무려 1년 반 차이가 났고, 비용도 2배 이상 벌어졌다. 생산팀은 기간과 비용이 늘더라도 안전이 우선이라 주장했고, 김 팀장은 CEO의 지시 기한 내 완수를 강조했다. 두 입장은 평행선을 달렸다.

문제는 회사 문화였다. 회사는 실패를 용인하기보다 작은 실패라도 책임을 묻는 분위기였다. 생산팀은 자기 프로젝트도 아닌데 큰 시간과 노력을 쏟아야 하며, 실패했을 때 책임까지 져야 하는 상황을 가장 우려했다. 결국 생산팀장은 자신들이 가능한 범위 내에서만 돕겠다고 하며, "구체적 과제와 기일을 정리해 업무 연락으로 보내 달라"라는 말을 남기고 회의를 마무리했다.

| 팀 간 의견 조율 방법

팀 간 의견 조율에는 2가지 원칙이 있다.

하나는 거절하는 것이 당연하다는 생각이다. 다른 하나는 끝내기 위해 최선을 다하고, 끝난 후 더 좋은 관계가 되는 것이다. 협업이 이루어지는 과정에서 가장 중요한 것은 열린 소통이다. 열린 상태에서 자유롭게 의견이 제시되어야 한다.

외국 기업에서는 가장 효과적인 의견 제시 방법 중 하나인 '브레인스토밍(brainstorming)'이, 우리 기업에서는 안 되는 이유가 무엇일까? 누구도 생각을 바꿀 마음이 없고 자신의 의견이 옳다고 주장하면, 미팅을 하면 할수록 감정만 상하게 된다. 갑작스럽게 솔로몬의 지혜가 나올 수는 없다. 방식을 달리해야 한다.

여러 방법이 있겠지만, 추천하는 방법은 글로 쓰는 것이다. 대화를 멈추고 각자 자신이 생각하는 안에 대한 장점과 단점 그리고 기대 효과를 적게 한다. 다 적은 후 1부를 복사하여 양 팀 조직장에게 전달하고 결정을 내리게 하는 것이 가장 효과적인 방법이다.

이 방법은 팀 내 문제에도 유용하다. 과제가 어려워 혼자 해결되지 않을 때 지금까지 한 일, 앞으로 해야 할 일, 문제점을 상세히 적어 조직장이나 프로젝트 리더에게 보고하는 것이 가장 바람직하다. 일부 직원은 책임감 때문에 문제를 혼자 끌어안고 해결하려 하지만, 이는 오히려 지연과 실패의 원인이 된다.

팀 내 혹은 팀 간에 해결되지 않는 이슈는 빠르게, 그리고 구체적으로 기록해 상사에게 전달해야 한다. 이것은 상사를 힘들게 하려는 것이 아니라, 조직장의 당연한 역할이기 때문이다.

또 다른 하나는 전사 심리적 안정감이 유지되는 문화의 구축이다. '내가 어떠한 언행을 해도 피해를 보지 않는다'는 심리적 안정감이 높은 회사에서는 협업 가능성이 매우 높다. 조그만 실수와 잘못에도 엄한 질책과 책임을 지게 한다면 그 누가 도와주며 도전적 업무를 수행하겠는가?

07

조직 경쟁력 진단

| 조직 경쟁력 진단의 목적과 프로세스

CEO가 급히 찾는다. "조직 경쟁력을 진단해 보고하라"라고 한다. 지금까지 회사는 한 번도 조직 진단이나 구성원 의식 조사를 해본 적이 없다. A팀장은 조직 진단을 하고 있는 회사를 수소문하여 어렵게 담당 팀장과 미팅을 가졌다.

조직 경쟁력 진단을 실시한 팀장으로서, 조직 진단을 하겠다고 타사에서 찾아오면 어떤 조언이나 도움을 줄 수 있을까?

가장 먼저 조직 경쟁력 진단을 어떻게 구성하고 실시할 것인지 설명할 것이다. 하지만, 진단을 오랜 기간 일관성 있게 진행했다면, 진단을 통해 얻고자 하는 부분에 더 많은 시간과 노력을 쏟을 수 있다.

진단을 통해 얻고자 하는 바는 크게 세 가지일 것이다.

> 1) 진단 영역과 항목을 통해 현황을 정확하게 파악한다.
> 2) 단위 조직의 강점과 보완점을 중심으로 실행 이슈를 도출하여 1년 실행 계획을 수립하고 추진한다.
> 3) 이슈 추진을 통해 조직과 구성원의 성장을 도모하고, 성과를 창출한다.

진단을 통한 현황 파악, 이슈 도출, 1년간 추진하는 과정에서 조직과 구성원의 역량이 강화되고, 성과로 이어지기 위해서는 다음 5단계가 매우 중요하다.

첫째 단계는 목적에 맞는 진단 영역과 중요 항목을 설계하는 것이다.

조직 경쟁력 진단을 위해 필요한 영역과 영역별 구체적인 내용을 묻는 설문 문항을 설계하는 것이다.

둘째 단계는 진단의 실시이다. 설문과 인터뷰를 언제 어떤 방법으로 누가 실시하는가를 결정해 추진하는 것이다.

셋째 단계는 진단 보고서 작성 및 피드백이다.

설문과 인터뷰를 마치고 임원 단위 조직의 보고서를 만들어 주관 조직에서 피드백을 해주는 것이다. 피드백은 임원과 팀장을 대상으로 설명과 질의응답, 과제 부여 및 향후 일정 순으로 진행한다.

넷째 단계는 임원 단위의 현업 조직에서 실행 과제를 도출하고, 실행 계획에 따라 1년간 추진하는 것이다.

다섯째 단계는 실행 과제의 점검과 활용이다. 1년간 실행 과제 추진 현황을 월별로 점검하고, 분기별 진행 현황을 보고하며, 인사제도와 연계하여 교육·홍보·결과에 대한 조치를 실행한다.

| 조직 진단의 영역과 중요 항목

처음 진단을 하는 회사는 진행 프로세스뿐만 아니라, 첫 단계인 진단을 위한 설문과 인터뷰 문항에 대한 지식이나 자료가 없다. 전략이나 인사를 컨설팅하는 회사는 진단 모형을 보유하고 있다. 이들 회사의 도움을 받으면 된다. 사실 정확한 진단을 위해서는 모형을 설계하는 작업이 매우 중요하다. 진단을 전문으로 하는 기업 또는 학교와 연계하여 자사에 맞는 진단 영역과 문항을 개발하는 것도 매우 좋은 방법이다.

이전 회사에서 사용한 진단 모델은 두 가지이다. 어떤 영역과 문항을 설계하느냐에 따라 얻고자 하는 바가 달라진다. 회사가 진단을 통해 얻고자 하는 바를 명확히 하고, 이에 맞는 영역과 문항, 분석 방법을 정하는 것이 바람직하다.

Formal Organization	전략적 방향에 따라 정의된 HR제도, 정책, 원칙 등에 대한 만족	채용(Recruiting), 이동(Placement), 승진(Promotion), 성과관리(Performance Mgmt), 보상(Pay & benefits), 교육/육성(Training & Development)
Informal Organization	구성원들이 따르는 비명시적인 원칙이나 가치, 상호역동을 통해 생겨난 문화, 이에 대한 만족도	커뮤니케이션(communication), 가치 및 비전공유(Value & Vision Sharing), 조직문화(Culture Style), 의사결정(Decision making)
Work	일 그 자체, 업무 구조, 일에 대한 환경, 일이 수행되는 방식에 대한 만족도	업무환경(Work Environment), 일/생활 균형(Work-Life balance), 팀웍(Teamwork), 조직구조(Org. structure), 직무만족(Work satisfaction)
People	구성원들에 대한 태도, 만족도, 구성원들의 역량 및 업무 태도에 대한 인식	구성원 역량(People Competence), 구성원 태도(People Attitude), 구성원 관계 만족도(People Satisfaction)

Leadership	구성원을 리드하는 리더들의 행동양식과 이에 대한 만족도	직속상사 리더십(Direct Report Leadership), 경영층 리더십(Top-mgmt Leadership)
Output	개인성과 및 조직성과 달성을 위해 최선을 다하겠다는 자세와 태도	조직 만족(Company Satisfaction), 회사몰입(Company Commitment)

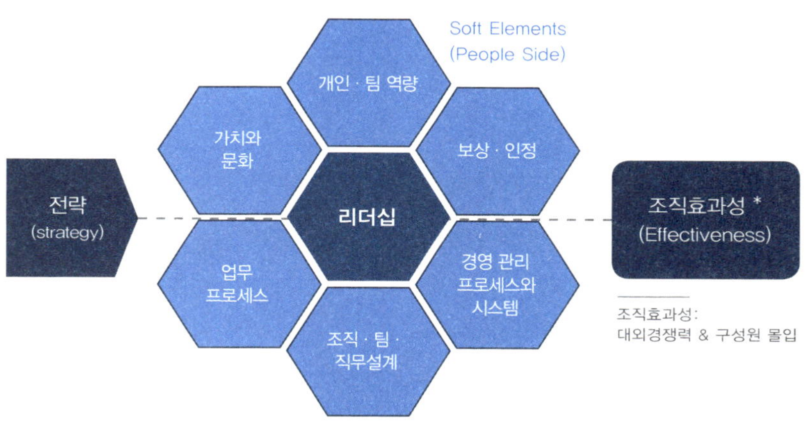

[사례 2] 7 Lever Model

| 조직 경쟁력 진단의 성공요인

조직 경쟁력 진단이 조직과 구성원의 성장과 회사 성과 창출로 이어지는 것은 쉽지 않다. 대부분 회사는 진단을 한 번 실시하고 최종 보고서를 작성하여 CEO에게 보고한 뒤 그대로 마무리된다. 이렇게 되면 진단의 의미가 사라진다.

한 번 진단으로 끝나는 것이 아니라, 매년 **진단**을 실시하여 회사에 기여하는 제도로 구축되기 위해서는 다음 성공 요인을 고려해야 한다.

1) 실행 과제 중심의 추진으로 이어지는 지원 체계 구축
2) 경영층의 적극적인 참여
3) 실행 과제 추진을 지원하는 제도 및 추진 인력의 선발과 활동
4) 월별 보고서 작성, 분기별 보고서 작성, 연말 최종 평가 및 피드백
5) 추진 과제 평가와 보상의 인사 제도 연계
6) 주관 조직의 일관성과 지속적인 기획, 제도 개발, 실행, 점검 및 피드백

08

재택근무에 대한 경영층과
직원의 인식 차이

| 재택근무가 축소 또는 폐지되고 있다

코로나19 이후 세계적 추세는 재택근무였다. 재택근무는 직장인이 가장 희망하는 유연 근무 형태이다. 출퇴근에 대한 고민이 사라지고, 복장 자유, 업무 권한 강화, 인간관계 갈등 차단, 중식 고민 해결, 누군가 지켜본다는 불안감 제거 등 사무실 근무의 불편함이 해소되어 생각만 해도 즐겁다. 자신이 좋아하는 아이, 애완동물과 함께 있을 수 있으며, 언제든 먹고 마시고 싶은 것을 여유롭게 할 수 있어 무엇보다 편안하다. 자료가 필요하거나 의견을 듣고 싶으면 비대면 방식의 미팅을 요청하면 된다.

이러한 직원의 최고 복리 혜택인 재택근무가 축소되거나 사무실 근무로 전면 전환되고 있다.

아마존 CEO인 앤디 재시가 22쪽 분량의 메일로 2025년 1월 2일부터 주 5일 사무실 출근 제도를 실시한다고 전 세계 152만 아마존 직원에게 알렸다. 왜 그랬을까? 코로나19 팬데믹을 계기로 도입했던 '재택근무 전면 폐지'를 알리는 과정에서, 직원 설득을 위한 CEO의 고뇌와 노력이 엿보인다.

CEO가 주 5일 근무제 도입 시기를 공식화한 이 일은 두 가지 큰 이슈를 몰고 왔다.

하나는 주 5일 사무실 출근 시대로 돌아가느니, 재택근무가 가능한 다른 기업으로 이직하겠다는 직원 반응이다. 실제 이 공식 메일을 본 아마존 직원의 73%가 이직을 고민한다고 응답했고, 91%가 부정적이라고 블라인드 설문에 응답했다.

다른 하나는 재택근무 전면 폐지를 거부하는 직원을 해고하여 인력 구조를 개편하겠다는 기업 의도이다. 직원들의 부정적 반응에도 경영층의 결심은 변함이 없어 보인다.

현재 구글, 애플, 메타 등 글로벌 빅테크 기업들은 대부분 주 2~3일 근무제와 재택근무제를 혼합한 '하이브리드 근무' 제도를 유지하고 있다. 아마존의 이번 결정은 이들에게 영향을 줄 것이다.

국내 게임사를 비롯한 IT 기업 대부분도 재택근무를 축소하며 사무실 출근제로 전환했다. 일부 대기업들은 '자율근무제' 형식으로 재택근무를 유지하고 있으나, 팀원의 월 사용 일수 제한과 별도 신청 양식을 통한 상위 조직장 승인 필요 등으로 자율성이 많이 약화된 상태이다.

| 왜 아마존은 이런 결정을 했을까?

코로나 팬데믹 당시 비대면 전자거래 폭증에 따라 급격히 인력이 증가했다. 현재는 글로벌 경기 침체 장기화로 기업 수익성이 악화되었다. 전자상거래가 코로나 이전 수준으로 돌아가면서, 팬데믹으로 비대해진 직원 규모를 정비해야 하는 것이 빅테크 기업들의 공통 과제이다. 초과 인력 축소로 재무 성과 창출을 해야만 하기 때문이다.

구글의 전 CEO인 슈미트는 "왜 AI 선두 자리를 오픈 AI나 앤스로픽 같은 스타트업에 뺏겼는가?"라는 질문에, "구글이 승리보다 '워라밸'을 선택했기 때문이며, 직원들이 집에서 일하는 것을 더욱 중요하게 여긴다."라고 지적했다. 그러면서 "스타트업이 잘되는 이유는 사람들이 지옥에서 일하는 것처럼 근무하기 때문"이라고 덧붙였다. 즉, 재택근무가 기업의 경쟁력을 떨어뜨린다고 생각한다.

재택근무가 기업의 경쟁력을 떨어뜨린다는 생각의 배경은 무엇일까?

만약 임직원이 자신에게 주어진 역할에 최선을 다하고, 보이지 않는 곳에서도 열정적으로 새로운 가치나 성과를 창출한다면, 근무 장소는 어디든 무관할 것이다. 최근 IT 시스템은 언제 어디서든 근무 시간에 연락이 가능하여 협의에 애로사항이 없다. 출퇴근 준비와 시간 등 일과 무관한 낭비 요인이 사라져, 일정 차질 없이 목표를 초과 달성할 수 있다. 무엇보다 재택근무는 우수 핵심 인력을 선발하는 매우 효과적인 방법이 된다.

하지만 지금까지 실시해 온 재택근무의 장점에도 불구하고 예전으로 회귀하려는 경영자 입장은 무엇일까?

기업 수익성 악화와 적정 인력을 초과하는 인력 과잉도 중요한 이슈이지만, **보다 근본적인 문제는 신뢰, 소통과 협업이다.**

한 마리 미꾸라지가 맑은 연못물을 흙탕물로 만든다고 한다. 재택근무도 근무의 한 수단일 뿐이다. 근무 시간에는 직장인으로서 마음가짐과 자세를 갖추어야 한다. 근무 장소가 집이라고 편안하게 쉬거나, 일에 집중하지 않거나, 다른 일을 한다면 곤란하지 않겠는가? 생산성과 이익을 중시하는 경영자 입장에서, 재택과 사무실 근무 시 생산성과 성과 창출을 비교하여 압도적으로 사무실 근무가 높으면, 어떤 결정을 내릴까? 재택근무의 장점은 알지만, 생산성과 성과가 매우 낮다면 재택근무를 선호하는 경영자는 없을 것이다. 보이지 않는 장소에서 일하는 임직원을 경영층이 신뢰하지 못하는 이유가 바로 근본 원인일 것이다.

다른 하나는 소통과 협업이다. 기업은 혼자 일하는 곳이 아닌 함께 일하는 곳이다. 나만 잘하면 된다는 생각을 임직원이 가지고 있다면, 기업은 절대 성장하지 못한다. 함께 상호 자극을 주며 성장해야 한다.

　재택근무는 조직과 직원 상호에게 영향을 주는 데 한계가 있다. 직원들은 주변 동료들의 일하는 모습과 변화를 보며 자극을 받고, 관리자와 경영자의 의사결정과 솔선수범에서 배워야 한다. 여러 명이 수행하는 프로젝트성 업무는 만나 토론하는 과정에서 해결 방안을 찾고, 공동 작업 속에서 시너지 효과가 발생한다. 안 보면 멀어진다고 한다. 물론 영상으로 상사와 동료, 타 부서 직원들을 만날 수 있지만, 대면하여 나누는 말 한마디, 악수 한 번의 의미와는 큰 차이가 있다.

09

팀장으로 발령받아 가장 먼저 할 일

| A부장의 팀장 발령

생산 현장의 산증인이라는 A부장이 드디어 생산기술팀장이 되었다. 입사하여 엔지니어로 25년 넘게 현장에서 근무해 왔다. 역량이 부족한 것이 아니다. A부장은 현장이 필요로 하는 모든 자격증을 취득했으며, 현장 기계 중 A부장의 손길이 닿지 않은 기계는 거의 없다. 갑작스러운 기계 고장으로 현장 라인이 중지되었을 때, 가장 먼저 찾는 사람이 A부장이다.

오죽하면 현장에서 30년 넘게 근무한 생산직 직원보다 엔지니어 출신인 A부장이 현장 신임 주임 대상 직무교육과 신입사원 OJT를 담당한다. 전 생산 라인 직원의 성격과 강·약점을 알고 있어, 팀장은 생산 직원들의 교대조 편성에 A부장의 의견을 묻는다.

A부장은 일이 있으면 밤늦게까지 현장을 떠나지 않고 문제를 해결하며, 정리 정돈의 모범이 되고, 후공정을 담당하는 후배가 편하게 일할 수 있도록 지원하는 것으로 유명하다.

A부장의 입사 동기는 대부분 팀장이다. 작년에 임원이 된 동기도 1명 있다. 주변에서는 늦게 팀장이 된 A부장에게 축하가 쇄도했고, 경영층은 A팀장에게 생산기술팀의 성장과 성과를 주문하며, 잘할 것이라는 믿음을 가졌다.

A팀장은 25년 넘게 봐왔던 생산 현장이었고, 원자재 구매부터 제품 출하까지 모든 공정을 경험했기에 기술적 우위와 약점을 명확히 알고 있었다. A팀장은 생산 기술 팀원 전원의 업무 분장을 살피고, 이렇게 해서는 생산 현장의 고질적 문제가 해결되지 않는다는 확신을 가졌다.

1주일 후, A팀장은 업무 분장을 새롭게 한다고 공지하며, 각자 자신이 해보고 싶은 업무를 생각해 면담하자고 했다. 그러나 3일이 지나도록 아무도 자신의 직무 희망을 꺼내지 않았다. A팀장은 팀원 각자에게 면담 시간을 정해 개별 통보했다.

막상 면담이 시작되었으나 팀원들은 무엇이 문제인지, 왜 업무 분장을 해야 하는지에 대한 고민이 없었다. 결국 A팀장은 자신이 생각한 생산기술팀의 방향과 과제를 기준으로 업무 분장을 실시했다. 새로운 업무에 고민하며 바쁘게 움직여야 할 팀원들에게 생동감이 엿보이지 않았다. 지시된 일만 수행하고 스스로 과제를 찾거나 현장을 살피는 노력이 없었다. 출근 시간 임박에 자리에 앉고, 퇴근 시간 되면 인사도 없이 퇴근했다. A팀장은 고민 끝에 생산 본부장에게 의견을 구했다.

　　　제1장 조직 관리

| 팀장 발령받고 가장 먼저 할 일

과거 성공한 학습과 경험이 현재 하는 일에 족쇄가 되는 경우가 많다. 여러 이유가 있다. 환경과 상황이 바뀌었기 때문이기도 하고, 역할의 차이 때문이기도 하다.

팀원 시절에는 주어진 일만 잘하면 되었다. 하지만 팀장이 되면 근본적으로 팀의 성과를 책임져야 한다. 팀과 팀원을 한 방향으로 정렬하고, 성장시켜야 한다. 팀이 수행해야 할 사명과 역할, 책임을 명확히 하고, 가치 체계를 수립해 실천하게 해야 한다.

팀원 개개인을 파악하여 수준과 역량에 맞는 업무를 부여하고 동기부여를 통해 팀의 목표와 과제를 달성해야 한다. 혼자 할 수 없기에, 상사의 관심과 지원을 이끌어 내고 팀원과 함께 실행해야 한다. 또한 팀과 이를 둘러싼 이해 집단과의 신뢰가 바탕이 되어야 한다. 서로 믿고 존중하며 자신의 역할을 다할 수 있는 심리적 안정감이 필요하다.

이를 위해 **새로 발령받은 팀장이 가장 먼저 할 일은 실태 파악**이다.

현재 회사와 팀을 둘러싼 대내외적 환경을 명확히 이해해야 한다. 회사와 팀의 강점과 기회 요인, 약점과 위협 요인을 알고 있어야 한다. 특히 팀 구성원의 성격, 강점, 보완점, 현 담당 직무의 역량 수준, 추구하는 꿈과 목표, 주요 업적을 상세히 파악해야 한다.

　　가장 좋은 방법은 1:1 인터뷰이다. 인사카드로 알고 있는 기본 정보를 바탕으로, 개인적 궁금 사항(꿈, 포부, 성장 니즈 등)과 팀의 성장과 발전을 위한 제언을 5개 정도 질문으로 확인한다. 질문 항목 예시는 일하는 방식, 바람직한 모습, 목표, 현안 및 미래 과제, 팀 분위기 등이다.

　　실태 파악을 통해 팀이 수행해야 할 사명과 과업에 어울리는 방향, 목표, 전략, 중점 과제의 틀을 만들어 보는 것이 바람직하다.

**　　팀장으로 발령받고 두 번째 해야 할 일은 중기 전략 수립이다.**

　　팀의 방향을 정하고 가치 체계를 수립하는 것은 무엇보다 중요하다. 실태 파악을 토대로 팀원들과 함께 중기 전략을 수립하는 것이다.

　　이때 가장 주의해야 할 점은 소통이다. 팀원들을 전략의 틀 안에 참여하도록 해야 한다. 자신이 참여한 전략과 시간, 노력이 포함된 일에는 관심과 책임감을 갖게 된다. 누구나 시켜서 하는 일은 좋아하지 않는다. 팀원들을 전략과 가치 체계 수립에 참여하게 하여 팀의 바람직한 모습, 전략, 중점 과제, 그라운드 룰을 만드는 것이 중요하다.

**　　세 번째 해야 할 일은 상사의 관심과 지원을 이끌고, 회사 내부의 네트워크 강화이다.**

　　아무리 좋은 전략과 과제라도, 상사의 목표와 연계되지 않으면 성과를 내기 어렵다.

　　　　　　　　　　　　　　　　　　　　제1장 조직 관리

상사가 추구하는 방향, 목표, 전략, 중점 과제와 중기 전략을 연계하여, 상사의 관심과 지원을 이끌어내야 한다. 상사와 꾸준히 소통하여 추진하는 일이 한 방향으로 정렬되도록 해야 한다.

상사에게 원하는 바를 요구하고, 지원 사항을 명확히 해야 한다. 중기 전략이더라도 당해년도 중점 과제와 실행 계획을 중심으로 매주 실적과 계획 공유가 필요하다.

특히 중요한 점은 팀이 해야 할 일 중심으로 우선순위 6가지를 선정하고, 매일 상사와 논의하는 것이다. 쉽지 않지만 가장 효과적인 방법이다. 또한 팀의 사명, 역할과 책임, 중기 전략, 금년도 과제, 협조 사항을 정리하여 팀장 세미나, 회사 게시판, 관련 부서 탐방 설명회 등 공유 활동을 자주 갖는 것도 매우 중요하다.

외부에서 영입된 팀장이라면 일정 기간(3개월 이상) 기다려 준다. 그러나 사내 승진 팀장은 그렇게 오래 기다려주지 않는다. 팀장은 팀을 책임지고 이끄는 책임자이다. 길게 보고, 팀과 팀원의 성장과 성과를 고민하며 이끌어야 한다. 자신과 자신의 일만 잘하면 된다는 생각은 빨리 내려놓아야 한다.

10

생산성이 낮은 조직의
10가지 특징

| 워크 스마트(Work Smart)

가장 바람직한 기업문화는 CEO와 전 임직원이 한 마음으로 한 방향으로 정렬되어 회사의 비전 달성을 위해 매진하는 것이다.

CEO가 바라는 조직문화는 일하는 방식과 사고의 전환을 통한 생산성 향상과 강한 회사를 만드는 데 초점이 맞춰져 있다. 반면, 구성원이 바라는 조직문화는 안정적이고 다소 자유롭게 소통하며 인정과 존경 받으며 일하는 문화이다.

CEO가 바라는 조직문화가 워크 스마트 중심이라면, 구성원들은 스마트 워크에 관심이 높다.

30년 전, CEO가 직접 실무를 담당하며 일을 배우던 시대의 환경과 가치와 지금 직원들이 생각하는 바는 격차가 매우 크다.

'내가 조금 더 강하게 지시하고 밀어붙이면 직원들이 알아서 하겠지'라는 과거 사고로 추진한다면, 직원들의 불만은 높아지고 심한 경우 퇴직으로 이어질 수 있다.

　기업이 지속 성장하기 위해서는 생산성 향상이 매우 중요하다. 만약 기업이 현재 수준에서 머문다면 어떻게 될까?

　기업 환경은 매우 빠르고, 복잡하며, 모호하게 변화한다. 불확실성이 강한 환경 속에서 시장과 고객은 수시로 변화한다. 이에 발맞춰 많은 기업이 개선하고 도전하여 새로운 가치를 창출한다. 머물러 있으면 변화 속도를 따라잡을 수 없고, 앞서가는 기업과 격차가 벌어질 수밖에 없다. 궁극적으로는 도태된다.

　CEO는 부단한 변화에 대한 선도적 조치를 기대하며, 기존 제품과 서비스의 개선과 혁신을 요구한다. 생산성 향상을 통해 새로운 가치와 성과를 창출해야만 성장할 수 있다.

　CEO는 회사의 강한 성공 DNA를 계승·발전시키고, 새로운 가치를 창출하는 문화를 만들길 원한다. 성장하고 이익을 창출하는 기업이 강한 기업이고, 강한 기업의 문화가 CEO가 지향하는 조직문화의 핵심이다. 이를 위한 한 방향 정렬과 열린 소통이지, 구성원의 편안함과 자유만을 위한 소통이 아니다. 일 자체의 혁신을 통한 생산성, 가치, 이익 창출이 CEO가 바라는 워크 스마트의 핵심이다.

| 생산성이 낮은 회사들의 특징

A회사의 업무 진행 상황을 관찰했다. 협업이 제대로 이루어지지 않고, 도전적인 과제를 맡으려 하지 않는다. 당연히 악착같이 실행하기보다 대충·했다주의가 팽배하다. 이유가 무엇일까?

대리와 과장급 고과 상위 10%에 해당하는 인력 10명을 선정하여 FGI(Focus Group Interview)를 실시했다. 먼저 20개의 원인을 찾고, 20개 항목을 만들었다. 10명의 멤버당 각자 10명에게 설문을 받아오도록 하고 이를 분석했다.

결과적으로 100명의 설문과 멤버 10명 면담을 통해 **생산성이 낮은 이유 10가지**를 도출했다.

1) 보고서 작성과 검토에 너무 많은 시간과 노력 소비

2) 업무 시간에는 회의를 하고, 팀원이 퇴근한 다음 팀장이 보고서를 작성

3) 실행보다 계획과 점검 중심의 과도한 의사결정

4) 하면 안 되는 일을 알면서도 어쩔 수 없이 수행하는 상황 존재

5) 회의는 많지만, 데이터 기반 논리를 갖춘 합리적 회의 부족

6) 자료 작성 및 주장 시, 사실 중심 데이터보다 직감과 경험 의존

7) 본인 주장만 고집하여 불필요한 논쟁 발생, 시간 낭비

8) 선·후 공정에 대한 배려와 인식 부족

9) 조직별 실적 달성과 책임 추궁에 따른 조직 간 공유·협업 어려움

10) 'CEO 지시사항'이라며 일 지시 또는 독촉

10개 항목으로 소속 회사 전 구성원을 대상으로 설문하면 긍정 응답률이 어느 정도일까?

긍정 응답률이 높을수록 회사의 병폐일 가능성이 높다.

| 생산성이 높은 조직의 특징

생산성이 높은 조직은 CEO의 방향 제시와 의사결정이 신속하고 명확하다. 얻고자 하는 바와 성과를 분명히 제시하며, 전사적 관점에서 판단하고, 관련 리더들을 한자리에 모아 명확한 업무 분장을 한다.

리더인 임원과 팀장들의 실행력이 돋보인다. 이들은 '행하면서 생각하며 배우는 사고(learning by doing)'가 강하며, 열린 소통을 통해 일의 시작부터 중간 진행 상황을 공유한다.

이슈 발생 시 전체가 모여 현황 파악과 해결 방안을 결정한다.

실무자들은 객관적 사실 기반의 데이터로 문제를 파악하고 해결한다. 이들은 일을 수행할 때 중요성, 긴급성, 해결 가능성을 갖고 합리적으로 판단한다.

옳지 않은 일에 대해서는 분명히 "아니다."라고 말할 수 있다.

조직 전체에 심리적 안정감이 충만하여, 어떤 회의에서도 자신의 주장으로 피해를 볼 것이라는 생각이 없다. 이들은 일을 수행하며 회사 원칙과 가치를 철저히 준수하고, 일에 대한 자부심과 주도적 업무 수행을 강조한다.

또한 절대 'CEO 지시사항'이라는 표현을 사용하지 않는다. 자신이 수행하는 일은 자신의 업무이며, 이를 통해 성과를 창출해야 한다는 생각이 강하다.

11

의사소통이 안 되는 조직의 10가지 특징

| 기업의 의사소통은?

소통의 사전적 정의는 '서로 통해 오해가 없음', '막히지 아니하여 잘 통함'이다. 이 정의에서 자연스럽게 '무엇이, 어떻게'라는 생각을 하게 된다.

기업 경영에서의 소통은 고객과 기업, 조직 내부의 다양한 조직 간, 임직원들이 원활하게 의사소통하는 것을 의미한다. 단순히 의사소통뿐 아니라 정보, 지식, 경험, 물리적 자원 등이 막힘없이 잘 흐르는 상태를 말한다.

그러나 소통이 잘되는 조직과 사람은 매우 드물다. 소통이 잘된다고 평가되는 회사를 방문하면, 경영층의 말에 일사분란하게 움직이는 모습을 보게 된다. 이는 상명하복 문화가 내재화된 결과다.

경영층은 자신이 내린 결정이나 지시 사항이 신속하게 처리되는 모습을 보며 소통이 잘된다고 생각할 수 있다. 그러나 직원들의 입장은 어떨까?

자신이 생각한 바를 언제 어디서나 불이익 없이 말하고 행동할 수 있다고 느낄까? 만약 직원들이 시키는 일만 수행한다면, 소통이 잘되는 회사이며 지속적으로 성장할 수 있을까?

성장하는 기업은 소통의 중요성을 무엇보다 강조한다.
소통의 중요성은 크게 4가지 관점에서 확인할 수 있다.

1) 집단 창의성 강화

직원들이 열린 소통을 통해 각자의 생각을 자유롭게 공유할 수 있다. 이 과정에서 작은 아이디어가 더 구체화되고 창의적인 아이디어로 발전한다.

2) 조직 시너지 강화

소통은 사일로 현상이 존재하는 조직과 기능 간의 상호 협력과 시너지를 강화한다. 이 과정에서 R&R(역할과 책임) 갈등이 해소되고, 불필요한 자원 낭비도 줄어든다.

3) 신뢰 문화 구축

소통을 통해 타인의 역할과 애로사항을 이해하며, 서로 믿고 존중하는 문화가 형성된다. 불필요한 오해와 갈등이 줄어들고, 신뢰 구축으로 회사의 지속 성장 기반이 마련된다.

4) 고객 감동 강화

열린 소통을 통해 고객이 원하는 가치를 정확히 파악하고, 조직의 역량을 명확히 인식할 수 있다. 고객이 원하는 가치를 제공하는 데 크게 기여한다.

회사와 구성원 모두 소통의 중요성을 알고 있으면서도 실제 소통이 이루어지지 않는다.

예를 들어, 6시 퇴근인 회사에서 5시 30분에 팀장이 사장에게 호출된다. 지시를 받은 팀장은 팀원들을 5시 45분에 회의실로 소집한다.

팀장은 사장이 지시한 사항을 설명하고 각자가 아이디어를 내도록 요청한다. 팀원들의 표정은 어떨까? 아무도 말을 하지 않고 회의탁만 바라본다면, 팀장은 어떤 조치를 취할까?

가내 수공업처럼 전후좌우 자유로운 열린 소통을 해야 하는데, 왜 우리는 회의와 업무 시간에 침묵으로 일관하는 것일까?

▎의사소통이 안 되는 조직의 10가지 특징

A회사 조직문화를 컨설팅하며 직원들의 의식 수준을 진단했다. 예상대로 인사 영역과 소통·협업 만족도가 타 영역에 비해 현저히 낮았다.

HR 관련 자료는 인사팀에 전달했고, 소통·협업 관련해서는 직급별 집단 인터뷰를 실시했다. 인터뷰에서 나온 수많은 의견을 30가지로 정리하고, 이를 바탕으로 구성원 설문을 실시하여 **의사소통이 안 되는 10가지 항목**을 도출했다.

1) 내부 육성 인력과 외부 영입 인력의 이질적 속성이 하나로 통합되지 않음
2) 한 건 한 건 진행이 매우 늦게 진행됨
3) 책임을 지지 않으려는 분위기, 의욕 없이 마지못해 근무
4) 위급하고 긴급한 상황에서도 조직 이기 존재
5) 데이터 기반이 아닌 감에 의한 지시 경향
6) 도전과 응집력 부족, '나를 따르라 하면 너 먼저 가' 식의 업무 미룸
7) 현 상태로는 안 된다는 인식이 직원 사이에서 회자
8) 경영층 의사결정 지연으로 실행 어려움 증가
9) 모두가 '사장 지시 사항'이라며 일의 부여 및 독촉
10) 방향, 큰 그림, 틀 없이 마감만 있는 상명하달식 업무 지시

| 리더에게 권하는 단 한 가지

소통을 잘하는 리더는 직원 개개인에게 관심을 가지고, 진정성 있게 그들의 성장을 바라는 마음에서 적극적으로 소통한다.

리더의 진정성이 직원들의 마음속에 간직될 때, 존경하는 롤 모

델로서 어려운 요청도 기꺼이 실행하게 된다.

소통이 잘되는 리더들의 공통점은 '심리적 안정감'이다.

이들은 직원들에게 어떠한 언행에도 자신에게 피해가 오지 않는다는 신뢰를 심어준다.

또한 직원 한 명 한 명의 차이를 인정하고, 공통점을 찾아 확대해 가는 강점 강화 전략을 적용한다.

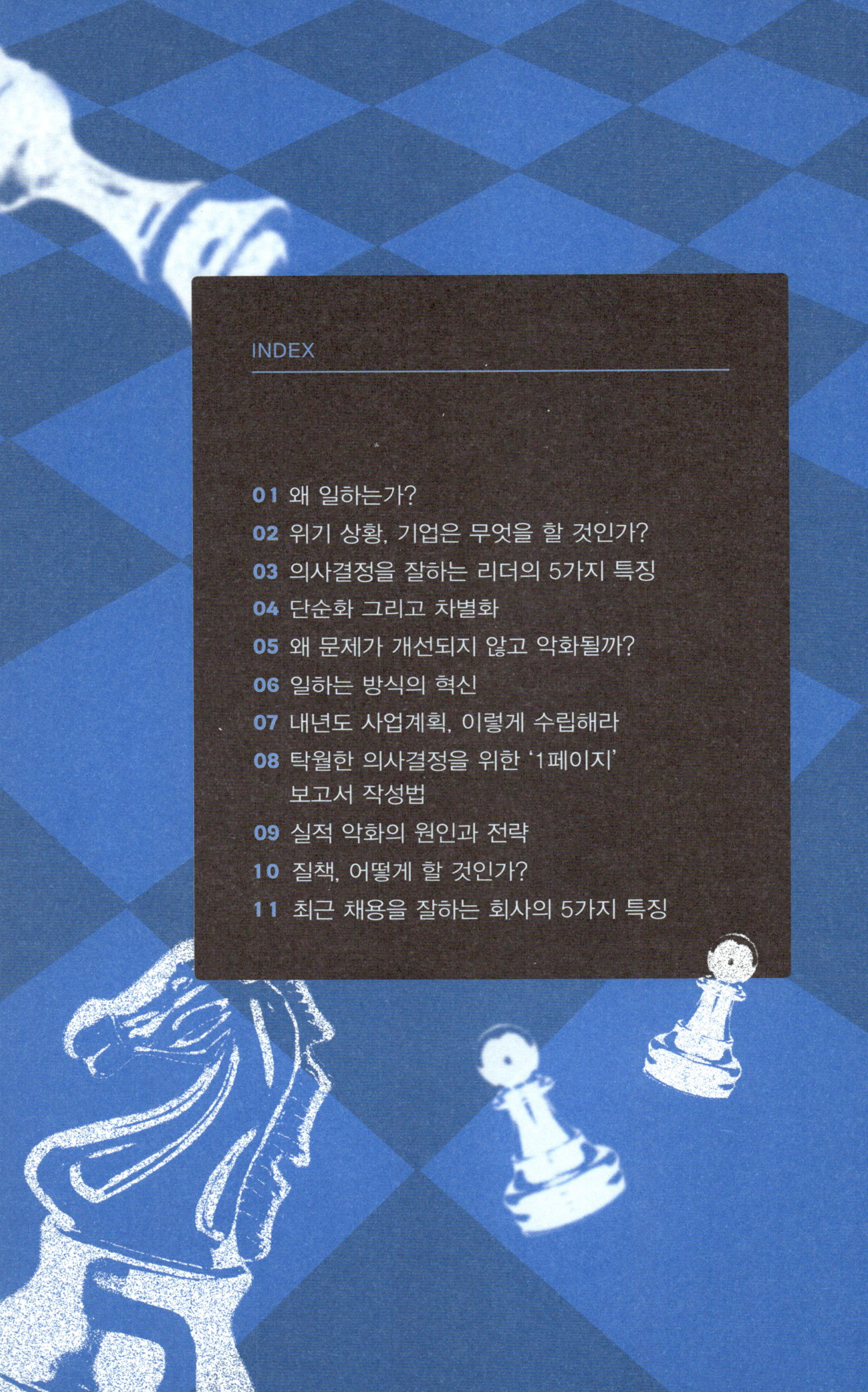

INDEX

일 관 리

01

왜 일하는가?

| 요리사가 봐야 할 것은 무엇인가?

세계적으로 유명한 셰프가 있었다. 이 셰프에게 요리를 배우겠다는 사람들이 매일 찾아온다. 셰프는 한 달 내내 매일 찾아온 3명의 지원자 중 한 명을 선발하기로 했다. 셰프는 3명의 지원자에게 식사를 하자며 국내에서 가장 유명한 호텔로 데려가 정문에 내렸다. 3명의 지원자에게 물었다. "지금 무엇이 보이며 무슨 생각을 하고 있는가?" 셰프의 갑작스러운 질문에 3명의 지원자는 당황했다. 한 명은 "호텔이 멋지다"는 생각을 하고 있다고 했다. 옆의 지원자는 "멋진 레스토랑에서 셰프의 가르침을 들으며 식사를 하는 자신의 모습을 생각한다."고 말했다. 마지막 한 명은 이 호텔의 주방에서 음식을 만드는 자신의 모습과 이 음식을 맛있게 먹는 고객의 흐뭇한 모습을 생각한다."고 말했다.

요리사가 할 일은 고객이 감동할 음식을 만드는 것이다. 요리사가 요리를 한다면 호텔이나 식당의 외모를 보는 것이 아닌 해야 할 요리에 집중해야 한다. 해야 할 음식의 메뉴를 보고, 주방

의 장비와 재료, 함께 할 사람, 만들어야 할 시간 등 자신이 얻고
자 하는 것에 집중해야 한다. 집중을 통해 고객을 감동시켜 매출
과 이익을 올리는 성과를 창출해야 한다.

| 왜 일하는가?

신입사원 교육에 '바람직한 신입사원의 마음가짐과 자세'란 주
제로 강의를 했다. 신입사원과는 세월의 차이가 있어 정중히 거절
했지만, 간곡한 부탁과 오랜 관계로 결국 어려운 과목을 담당했다.
2시간 강의를 위해 2일 이상의 시간을 투자하여 30세 전후의 신
입사원에게 들려주고 싶은 10가지 교훈을 준비했다. 잔소리하지
말라는 주변 지인들의 조언을 뒤로 하고 지난 직장생활 중, 힘이
되어줬던 일과 사람의 원칙, 꼭 알아야 할 것에 대해 정한 10가지
였다.

첫째 주제는 '자신을 좋아하는가?'였다. 10가지 체크리스트를
통해 점검을 하고 자신을 좋아해야 하는 이유, 어떻게 자신을 좋
아하며 이끌 것인가를 강조했다.
둘째 주제가 일의 의미이다. 일이란 무엇인가? 질문을 했다. 국
어사전에서는 '일이란 무엇을 이루거나 적절한 대가를 받기 위하
여 어떤 장소에서 일정한 시간 동안 몸을 움직이거나 머리를 쓰는

활동’이라고 한다. 기업에서 일이란 무엇을 말하며, 나에게 일은 어떤 의미일까?

예를 들어 9시 출근 6시 퇴근인 회사에서, 9시 이전에 출근해 바쁘게 움직였고, 6시 넘어 퇴근했으니 나는 일했다고 말하면 잘했다고 할 수 있을까? 자신이 추구하는 금전적 보상을 위해서만 일한다고 하는 것은 옳을까?

일이란 ‘인류 사회에 가치 있는 성과를 창출하기 위해 자신이 가진 강점을 최대한 발휘하는 것’이라고 정의하면 어떨까?

신입사원에게 3분을 주며 “왜 일하는가?” 조별 토론을 하라고 했다.

4명씩 1개조로 7개조 중 2개조의 발표를 들었다. 금전적 보상, 전문성 향상 등 성장이 주 내용이었다. 전체를 대상으로 **“해야 할 일이 무엇인지 분명히 알고, 그 일을 하는 모습을 생각하면 가슴이 뛰는 사람** 있으면 손을 들어 달라.”고 했다. 5초가 넘도록 손을 드는 신입사원은 없었다.

신입사원 중에는 ‘이곳에서 3년 정도 근무하면서 경험과 업적을 쌓고 더 좋은 곳으로 이동해야지’, ‘나는 받는 만큼 일할 것이다’와 같은 마음을 가지고 있는 사람이 있다. 이런 마음으로는 본인은 물론 회사도 성장하지 못한다.

　내가 하는 일은 인류 사회에 도움이 되는 가치 있는 일이어야 한다. 창출한 결과(성과)는 회사의 지속 성장과 이익에 기여를 해야 한다. 주어진 일과 스스로 제안하여 추진하고 있는 일을 통해 성취감을 느끼며 성장했던 자신을 바라본다. 과제 창출의 어려움, 수행하면서 숱한 역경, 함께 하는 사람들과 갈등, 중간 중간 잦은 변경, 좌절하고 싶은 상황 등 포기하고 싶은 순간도 많았다. 하지만, 일은 자신이 살아 있음을 느끼게 하고, 자신을 끓게 하며, 보다 더 길고 멀리 보게 하고 웃게 만든다. **일을 하며 자부심, 성장, 즐거움과 함께 한다면, 보다 더 높은 수준의 목표를 정해 열정을 다하고, 성과는 저절로 창출된다고 확신한다.**

02

위기 상황,
기업은 무엇을 할 것인가?

| 다들 어렵다고 한다

방송이나 신문을 통해 발표되지는 않지만, 주변에 코로나에 걸렸다는 사람들이 많다. 5년이 넘는 기간 동안 코로나는 글로벌 경제에 많은 어려움을 주었다. 금방 끝날 것이라 생각했던 러시아와 우크라이나 전쟁과 이스라엘과 팔레스타인 가자 지구 전쟁은 글로벌 갈등과 원자재 가격의 폭등을 가져왔다.

코로나와의 전쟁, 쳇GPT 등 AI(인공지능)의 고도 발전은 인류 사회에 급격한 변화를 가져왔다.

사무실 중심의 출퇴근 근무 형태를 IT 기반의 재택근무로 바꾸게 했다. 사람들이 모여 결론을 내야만 했던 환경이 화상회의 등 인터넷으로 실시간 비대면 환경으로 급속도로 전환되었다. 이 과정에서 대면 방식의 전통 산업은 한계 상황이 되어 위기에 처하게 되었다. 한 예로 대기업과 정부기관의 경치 좋은 곳에 위치한 시끄럽고 복잡했던 연수원은 처분하려고 해도 구매자가 없어 한순간에 애물단지가 되었다.

다들 어렵다고 한다. 주부들은 물가가 너무 올랐다며 시장 보기가 무섭다고 한다. 상점이나 식당의 주인들은 손님이 오지 않고 지갑을 닫았다고 한다. 중소기업 CEO를 만나면 직원 급여 걱정을 하고 있다. 어려움 속에서 어려운 이유를 찾아내는 것은 의미가 없다. 어려움 속에서도 살아남아야 하며, 살아남기 위해서는 기존의 방식이 아닌 새로운 생각과 방법으로 변화해야 한다. 중요한 것은 위기의 상황임을 인식하고 무엇을 어떻게 변화해야하는가 정하고 실천하는 데 있다.

| 위기 상황, 무엇을 어떻게 할 것인가?

심각한 위기의 상황에서 어느 기업은 성장하고 어느 식당은 발디딜 틈이 없다. 반면 위기가 오기도 전에 망한다는 내부 분위기가 조성되어 한순간에 망해버린 기업과 식당도 많다. 무엇이 성장하게 하고, 무엇이 망하게 하는 것일까? 사람들은 운이라고 한다. 물론 운이 차지하는 비중이 클 것이다. 하지만 경쟁력이 없는데 운이 좋아 지속적 성장을 할 수 있을까?

강의가 없는 날은 항상 탁구장에 간다. 11점 게임에서 실력이 동등하면 네트에 걸려 넘어가거나, 탁구대 모서리에 맞는 등의 운이 존재한다. 실력이 없으면 서브를 받을 수도 없고, 공을 세게

칠 수 있는 기회 자체를 주지 않는다.

위기를 기회로 만들어 지속 성장하는 기업의 7가지 특징을 살펴보았다.

첫째, 현실을 명확하게 파악하고 있다.

성장 기업을 방문하여 회사에 대해 질문하면, 임직원들이 회사의 제품, 전략, 재무 상황, 시장과 고객에 대해 명확하게 인식하고 있다.

둘째, 선진 기업과의 수준 차이를 파악하고 따라잡는 전략이 있다.

비교 대상이 동종업체가 아닌 국내 1위 기업 또는 글로벌 초일류 기업이다. 비교 기업을 정해 놓고 각 분야별 수준 차이를 파악하여 어떻게 따라잡을까 전략과 방안을 가지고 실천한다.

셋째, 열린 문화로 컨설팅과 벤치마킹을 통해 현 위치 파악과 나아갈 방안을 마련한다.

이들은 항상 변화에 민감하다. 내부 지향보다는 외부 변화에 민감하며, 자신의 위치에서 한 단계 더 성장하기 위해 타 분야 벤치마킹도 불사하며, 수시로 외부 컨설팅을 통해 새로운 과제를 도출해 추진한다.

넷째, 역량과 성과 중심의 제도와 이기는 문화의 정착이다. 이기는 성공 문화가 이들 속에 내재되어 있다. '역량과 성과 있는 곳에 보상이 있다'는 철학과 원칙이 회사의 핵심가치와 인사제도에 내재되어 공정하면서도 차별화된 운영이 이루어진다.

다섯째, 회사의 현황과 문제점, 나아갈 방향과 전략, 중점과제를 CEO가 직접 설명한다.

분기별 또는 반기 경영설명회를 통해, 회사를 둘러싼 경영 환경, 회사의 방향과 전략, 경쟁사 동향, 목표에 대한 실적, 중점과제, 애로 및 당부 사항을 CEO가 직접 설명하고 질의응답을 갖는 등 소통하는 열린 문화를 주도한다.

여섯째, 경쟁력 있는 조직문화의 지속적 강조와 추진이다. 핵심가치 중심의 한 방향 정렬, 내부 문제는 내부에서 완결하는 문화, 'NO'라고 말할 수 있는 열린 소통의 활성화, 생산성 향상, 회사 병폐 제거, 각종 전문 위원회 운영, 학습 조직을 통한 개혁 추진 등 다양한 조직문화 개선 활동을 추진한다.

일곱째, 3년 중기 전략과 과제를 생각하게 한다. 내년도 사업계획을 수립함에 있어 반드시 3개년 추진 계획 하의 내년도 사업계획을 보고하게 한다. 3개월 이상의 프로젝트는 3개년 전망이 있어야 한다. 인사제도의 개선이나 새로운 제도의 도입 시 향후 전망은 반드시 포함되어야 할 내용이다. 단기 실적 중심의 사고에서 중장기 성과 중심의 사고가 회사 내 만연되어 있다.

초일류 기업은 많다. 하지만, 모든 기업이 초일류 기업이 되지는 못한다. 우리는 초일류 기업이 되는 비결을 다 알고 있다. 왜 비결을 알면서도 안 되는 것일까? 바로 일관되고 지속적인 실행이다. CEO의 강력한 리더십과 더불어 주관부서가 있어 이끌어야 한다.

03

의사결정을 잘하는
리더의 5가지 특징

| 의사결정의 2사례

팀장과 임원 대상의 강의에 반드시 묻는 질문이 있다. "실무부터 수많은 일을 하고 있는데, 하는 일 중 가장 중요한 일이 무엇이냐?" 방향 제시, 성과 창출, 구성원 동기부여, 협업 등 많은 답변을 한다. 개인적으로는 의사결정이라고 한다.

기업도 하나의 생명체이다. 태어나 성장하다 어느 순간 더 이상 버티지 못하고 망한다. 기업이 망하는 이유는 다양하다. 매출 저하, 영업 손실, 시장 점유율 저하, 제품의 품질이나 인지도 저하, 거래선의 이탈, 내부 직원의 부정 등으로 지불능력 불능 상태가 되면 망하게 된다. 망한 기업에 책임을 운운하는 것은 의미가 없다. 망하기 전에 원인을 찾아 대책을 마련하고 지속 성장하도록 하는 것이 중요하다. 누가 할 것인가? 다 함께 해야 하지만, 경영자의 의사결정이 절대적이라는 것을 모르는 사람은 없다.

지금 위기의 시대이다. 위기에 회사를 지속 성장하게 하는 방법은 그리 많지 않다. 크게 보면 2가지 전략을 가져갈 수 있다. 하나는 부가가치가 낮은 사업, 조직, 제품, 사람을 정리하고 핵심 중심으로 재편하는 것이다. 다른 하나는 여유가 있을 때, 내부 조직과 인력의 역량 강화에 집중하고 시장 여건이 좋아질 때 축적된 역량을 펼치는 것이다. 어떤 전략을 취하는 가는 경영자의 몫이다.

혁신 사례로 회자되는 코닥과 노키아의 경영자는 전문성이 떨어지고 생각이 없는 무능한 사람이었을까? 세계적 수준의 역량을 갖춘 경영자였고, 그 상황에서는 그런 결정을 내릴 수밖에 없었을 것이다. 1990년대 삼성은 신경영을 외치며 생각과 일하는 방식의 획기적 전환을 이끈다. 삼성전자는 이후 세계적 기업으로 우뚝 서게 한다. 경영자의 의사결정은 회사를 지속 성장하게 하게도 하고 망하게 하게도 한다.

| 의사결정을 잘하는 리더는 어떤 특징이 있는가?

리더에게 가장 중요한 일은 '의사결정'이며, 의사결정은 회사와 구성원의 성장과 성과를 창출하는 원동력이다. 팀원들은 주어진 역할과 책임에 맞는 실행과제를 제대로 처리하면 된다. 경영자는 과제를 생각하고 지시 내리는 사람이다. 변화를 읽고 얻고자 하는 바를 명확히 한 후, 전략과 방안을 만들어내야 한다. 과제화 된 방안을 제대로 제때 지시 내려야 한다. 역할이 다름을 알고 각자의 역할에서 최선 그 이상의 성과를 내야 한다.

의사결정을 잘하는 리더들은 어떠한 특징이 있을까?

의사결정을 잘하는 리더는 기본적으로 자신의 직무에 대한 전문성이 높고, 회사의 8가지에 대해 명확하게 설명할 수 있다. 회사가 추진하고 있는 사업의 본질, 제품과 서비스의 밸류 체인, 회사의 현재와 미래 전략, 3개년 이상의 회사의 재정 현황, 조직의 역할과 책임 및 강약점, 구성원의 역량과 성숙도, 시장과 경쟁사의 변화와 관심, 고객의 니즈이다.

이를 기반으로 **의사결정을 잘하는 리더들의 특징**이다.

첫째, 전사적 관점을 지향한다. 회사를 망하게 하는 리더가 하는 행동 1순위는 바로 이기주의이다. 자신과 자기가 속한 부서만을 위한 결정은 회사를 분리시키며 갈등을 낳게 하며 신뢰를 깨게 한다. 비록 소속 조직과 구성원은 힘들고 희생이 되더라도 회사에 이익이 되는 생각과 행동을 해야 한다. 리더라면 나를 믿고 희생이 되더라도 하자고 이끌어야 한다.

둘째, 의사결정에 영향을 주는 이해관계자를 한 곳에 모아 한 번에 결정을 하고 동기부여를 잘한다. 리더가 구성원을 힘들게 하는 방법은 간단하다. 10명의 이해관계자를 한 명씩 방문해 최종 결정을 해 오라고 지시 내리는 것이다. 10명의 이해관계자의 생각을 하나로 통일시키는 방법은 이들을 모아 설명하고 토론하며 결론을 내는 리더의 몫이다. 리더가 할 일을 구성원에게 미루면 곤란하다. 리더는 이해관계자를 한 곳에 모아 소통하여 하게끔 해야 한다.

셋째, 결정된 사안에 책임을 진다. 조직 협업이 일어나지 않거나, 조직 간 갈등이 생기며, 도전하려고 하지 않는 이유 중 책임이 차지하는 비중은 크다. 일이 실패했을 때, 도와준 조직과 사람까지 책임을 부과하면 처음부터 맡으려 하지 않는다. 자신의 조직과 자신이 말한 사항에 대해서는 끝까지 책임을 져야 한다.

넷째, 자신만의 의사결정 프로세스를 가지고 있다. 뛰어난 리더는 모든 상황에 자신만의 의사결정의 원칙이나 프로세스가 있어, 함께 일하는 구성원들이 리더의 의사결정을 예측할 수 있도록 해야 한다. 예를 들어 철저한 자료 수집과 정확한 분석이라면, 구성원들은 리더가 원하는 자료를 수집하고, 이익 극대화 또는 위험 최소화 원칙의 일 처리를 할 것이다. 반드시 모든 사안에 2개 이상의 대안을 준비하라고 하면, 자신이 생각하는 최적안 이외의 다른 방안을 고민할 것이다.

다섯째, 말의 품격을 높이고 하게끔 동기부여 하며 철저한 점검과 피드백 등 소통 역량이 뛰어나다. 회사는 혼자 일하는 곳이 아니다. 함께 성장하고 성과를 창출하기 위해서는 한 방향 정렬이 무엇보다 중요하다. 리더는 자신만의 소통 능력을 어떻게 발휘할 것인가? 자신의 마음 속 간직된 구성원도 중요하지만, 구성원 마음 속 존경과 인정하는 그런 소통 역량이 뛰어나다.

리더는 직속 상사나 CEO에게 '못 합니다."와 같은 극적 행동을 자제한다. 이들은 비교 갈등, 뒷담화, 상처 주는 말을 하지 않는다. 이들은 자신의 결정과 지시 사항에 대한 점검과 피드백이 뛰어나다. 가장 열정 없는 리더는 자신이 지시한 내용을 잊거나 무관심하게 방관하는 사람이다. 일정 주기로 진행 사항을 점검하고 성과를 낼 수 있도록 지도하고 피드백한다. 의도했던 생각과 추진되는 내용을 일치하여 높은 성과를 창출한다.

처음부터 의사결정을 잘하는 리더는 그리 많지 않다. 의사결정도 부단히 키워야 할 역량이다.

단순화 그리고 차별화

| 단순하게 살아야 한다

제조업 임원으로 근무하는 후배를 방문했다. 사무실에 해야 할 일들이 적혀 있다. 3번의 회의가 있고 점검해야 할 일 10개 가까이가 시간대별로 적혀 있다. 11시 반부터 점심시간은 힘든 이슈에 대한 상담 시간이다. 구내식당에 가기 전, 간략하게 애로 사항을 들었다. 팀장들이 주도적으로 일을 추진하지 못하고, 하나에서 열까지 묻고 수동적으로 일하는 것이 불만이다. 적혀 있는 10개 정도의 점검이 사실 이러한 애로 사항을 대변한다.

식사하러 가면서 임원이 가장 잘해야 할 일이 무엇이냐 물었다. 역으로 묻는다. 방향과 우선순위 과제를 정해 업무 분장하고, 성과를 낼 수 있도록 동기부여를 잘하는 것이라고 했다. 이를 위해 지금 하는 일을 1·3 수준으로 줄이고 믿고 맡기고 답답해도 지켜보라고 했다.

제조업 사장으로 있는 지인은 매일 야근이다. 해야 할 일들이 책상 위에 쌓여 있다. 하나씩 보면서 전부 수정한다. 대안부터 최적 안까지 마음에 들지 않는다. 하겠다는 결론이 본인이 생각한 것과 다르니 수정 지시를 하지 않을 수 없다. 보고를 올린 임원과 팀장은 전부 퇴근했다. 자문을 하면서 임원과 팀장들을 개별 인터뷰했다. 모두가 사장이 내부 직원들의 역량을 믿지 못하고, 자신이 하고자 하는 바를 반드시 하게 한다는 것이다. 이제는 시키는 일만 하고 보고서에 자신의 생각을 담지 않는다고 한다. 어차피 사장이 다 수정하고 새롭게 지시하는데 굳이 고민할 필요가 없다고 한다. 사장에게 향후 모든 보고는 3개의 대안을 만들고, 최적 안과 추진 일정을 보고하도록 했다. 보고자의 이야기를 듣고 최대한 최적 안 그대로 진행하라고 했다. 절대 해서는 안 되는 잘못된 의사결정에 대해서는 이야기를 듣고 난 후 코칭 하는 시간을 가지라고 했다. 3개의 대안을 만들어 최적 안을 선정해야 하는 어려움, 자신이 결정한 안을 추진해야 하는 부담으로 임원과 팀장이 늦게 퇴직한다. 지인은 한 달이 되지 않아 자신이 정시에 퇴근할 수 있게 되었다고 고마워한다.

퇴직을 했지만, 집무실 책상에 PC와 프린터기, 온갖 물건, 책, 명함, 서류들로 복잡하다. 커피 한 잔 마시려면 책상 위 공간이 없어 쌓인 책 위에 컵을 위험스럽게 놓는다. 무엇이 어디에 있는가를 안다. 아내와 딸이 책상이 지저분하다고 청소하면 대형 사고이다. 어느 날, 서류 한 장 찾는데 책상 위 모든 것들을 방바닥에 내려놓은 적이 있었다. PC와 프린터를 제외하고 모든 책, 자료, 물건 등을 치워버렸다. 책상이 그렇게 넓을 수 없었다.

하는 일도 마찬가지이다. 하루 6가지 일만 하자고 단순화하니 시간적 여유가 생기며 성과는 높다.

❙ 갈수록 차별화이다

경영 전략에서는 성장하는 시장에서 어떤 위치를 차지하고 있는가, 부합하는 핵심 역량을 보유하고 있는가에 따라 경쟁 우위가 있다고 말한다. 복잡하고 모호한 경쟁 환경에서 규모가 큰 기업이 시장을 선점하고, 독점적 위치를 가지고 있으면 경쟁에서 이긴다. 자사 강점에 특화된 시장에서 모방하기 어려운 핵심 역량을 가지고 있는 기업은 경쟁 우위에 있게 된다.

퇴직한 기업의 임원 대상으로 특강을 했다. 재직 중에는 막연하게 퇴직 후 무엇을 하고 싶다는 생각을 했지만, 구체적으로 준비하지 않았다. 임원이었기 때문에 회사 일에 더 매진할 수밖에 없었다. 직원처럼 정년이 정해진 것이 아닌 1년 단위로 계약을 맺었다. 몇 번 연장되었기 때문에 이번에도 계약 종료가 아닌 연장될 것이란 막연한 기대를 했다. 1달을 남기지 않은 상태에서 퇴직과 1년 자문역 통보를 받았다 한다.

참석자에게 3가지 질문을 했다.

첫째, 자신이 좋아하고 잘할 수 있는 일이 무엇인가?

둘째, 남들이 따라올 수 없는 자신 만의 핵심 역량은 무엇인가?

셋째, 지금 당장 할 수 있는 일이 있다면 무엇인가?

아무 대답이 없다.

삶을 살며 나만의 차별화된 역량이 있는가?

후배는 정년퇴직을 하고 1주일 동안 여행을 떠났다. 귀가하고 가장 먼저 한 일은 회사 설립이었다. 직장 생활하면서 자신이 하고 싶은 일을 구체화했다. 오랜 기간 준비했던 지식, 경험, 자료가 있었다. 자신이 이 일을 하겠다고 생각하는 순간부터 그 분야의 수많은 사람들을 만나 네트워킹을 하였다. 전문가들을 만나 무엇을 잘해야 하고, 어떤 역량을 보유해야 하는가를 배웠고 실천했다.

학생 시절, 열심히 노력하여 직업과 직장을 선택하는 것과 같이, 직장 생활을 하면서 직장 이후를 생각하고 자신 만의 차별화된 역량을 키워가야 하지 않겠는가?

05

왜 문제가 개선되지 않고 악화될까?

| 코브라 효과

영국의 식민지였던 인도에서 코브라가 사람을 물어 죽이는 일이 빈번했다. 총독부는 코브라를 없애는 묘안을 냈다. 코브라 머리를 잘라오면 그 숫자만큼 돈으로 보상하는 것이었다. 처음에는 이 정책이 성공적인 듯 보였다. 잡아오는 코브라 수가 점차 증가했기 때문이었다.

총독부는 혐오스러운 뱀이 조만간 사라지리라 기대했다. 그러나 정책을 실시한 지 1년이 지나고 또 2년이 지나도 잡아오는 코브라 수가 줄어들기보다 더욱 증가했다.이상하게 생각한 총독부가 그 이유를 알아보니 사람들이 처음에는 코브라를 잡기 위해 집 주위는 물론 들과 산을 열심히 헤맸지만, 나중에는 집집마다 우리를 만들어서 코브라를 키우고 그것들을 잡아서 보상을 받고 있었다. 총독부는 할 수 없이 코브라 제거 정책을 포기했다.

그러자 사람들은 집에서 키우던 뱀을 모두 내다 버렸고, 코브라 수는 정책을 펼치기 전보다 오히려 수십 배로 증가했다. 이처럼 어떤 문제를 해결하기 위한 대책을 시행했는데 오히려 문제가 더욱 악화되는 현상을 '코브라 효과(cobra effect)' 라고 한다. (나무위키에서 인용)

| 기업에서 왜 문제가 더 악화될까?

A회사는 일에 비해 근로자의 수가 적었다. 매일 2시간 이상 야근이다. 회사는 신규 인력을 채용하기 보다는 야근 수당을 주는 것이 더 효율적이라고 생각했다. 회사는 야근 수당을 지급하면서 다른 한편으로는 사무 자동화 추진과 일하는 방식의 개선을 교육하였다. 1년 이상 꾸준히 야근을 줄이고 생산성을 높이는 노력을 하였지만, 야근은 줄지 않았다. 오히려 야근 수당이 증가되었다. 회사는 정시 퇴근을 강조하며 야근자에 대해 월 30시간까지만 야근 수당을 주는 것으로 결정하였다. 거의 대부분 직원들이 월 28시간에서 30시간 야근을 한다. 30시간을 넘어서면 수당이 지급되지 않기 때문에 30시간에 딱 맞춰 야근을 하는 것이다. 회사는 월 10시간 야근 수당을 급여에 포함하고, 야근 수당을 폐지하였다. 이 제도 도입 후, 야근을 하는 직원이 없다. 아무리 급하고 중요한 일이 있어도 정시 퇴근한다. 회사의 매출은 급감하고, 이와 비례하여 회사에 대한 직원들의 불만은 높아만 간다.

회의를 할 때마다 경영진은 인내심을 시험받는 듯하다. 참석자들이 아무 말을 하지 않기 때문이다. 자신의 순서 또는 일과 직접적 관련이 없으면 관심이 없다. 경영진은 이런 직원들에 대해 강한 불만과 질책을 한다. 회의 개선 방안을 만들어 홍보하고 교육을 한다. 많은 노력과 질책을 하였지만, 회의에서 개선은커녕 눈도 마주치려고 하지 않는다. 악순환의 반복이다.

왜 기업에서 **어떤 문제가 발생했을 때, 개선되지 않고 악화되는 것일까?**

여러 이유가 있을 것이다.

가장 큰 첫째 이유는 심리적 안정감이 없어 실행 시, 자신에게 피해 또는 불편함을 줄 수 있기 때문 아닐까?

가만있으면 중간이라도 가는데, 먼저 언행을 함으로써 그 일을 담당하게 되는 것이다. 마치 회의에서 좋은 의견을 내면, 회의 주관자 또는 타 참석자가 "그 것 좋은 아이디어다. 직접 추진해라" 하는 식이다. 심리적 안정감이 확보되지 않은 조직의 대표적 현상이다.

둘째는 큰 노력 없이 이익이 크거나, 잘못되었을 때 질책이나 책임의 강도가 높을 때이다.

코브라를 키우는 비용보다 보상으로 받는 금액이 큰 경우, 야근처럼 자리에 앉아 있기만 해도 시간이 지나면 수당이 나오는 상황이다. 이러한 보상이 줄거나 사라지면 행위 자체를 하지 않는 것이다. 반대의 경우, 질책이나 책임의 강도가 크다면 안전을 위해 회피하게 되어 있다. 도전을 하거나 도와주려고 하지 않는다. 공동의 목표를 위해 여러 조직과 직원이 하나가 되어 일을 추진해야 하는데, 조직과 개인의 이기가 팽배하게 된다.

셋째는 자신의 역할을 모르는 리더에게서 찾을 수 있지 않을까?

무능해서 방향이나 의사결정을 해 주지 못하거나, 상사의 의중을 파악하지 못하고 잘못된 방안으로 직원들을 힘들게 하는 경우이다. 문제에 대한 근본원인을 찾아 해결해야 하는데, 문제 자체를 잘못 인식하여 다른 조치를 하니 문제가 더 악화될 수밖에 없다.

조직과 직원을 육성하지 못하고 혼자 다 하려는 리더도 문제를 심화하는 원인이다. 현명하고 부지런해서 직원들이 한 일의 수준이나 내용이 마음에 들지 않는다. 전부 자신의 수준으로 수정하면 어떤 현상이 일어나겠는가? 직원들은 어차피 리더가 다 하겠지 하는 심정으로 대충 하게 된다. 직원이 성장하지 못하는데 조직이 성장할 수가 없다. 리더의 책상에는 매일 과제가 쌓여만 간다. 리더에게 사고가 발생하면 이 조직은 바로 무너지게 된다.

문제를 악화시키지 않게 하는 해결책 또한 다양하다.

전문가의 진단이나 조언, 잘하고 있는 회사 벤치마킹, 문제와 관련된 전문 서적, 자체 문제 해결 임시 조직 만들기 등 수많은 해결 방안이 있다. 그러나 문제를 해결하고 성과를 높여가는 조직이나 직원들은 그렇게 많지 않다. 이유가 무엇일까? 어떻게 해결할 것인가? 단 하나의 제언이 있다. 미션과 비전으로 무장된 리더, 한 방향 정렬된 조직과 구성원의 악착같은 실천 아닐까?

06

일하는 방식의 혁신

| 무엇이 문제일까?

많은 기업들이 일의 생산성을 높이고 효율적이고 효과적으로 일하기를 원한다. 이를 위한 사고와 일하는 방식의 전환을 위해 여러 활동을 전개하였고 하고 있다. Work Smart, GWP, Single Office, 직급 단순화, 호칭 파괴, 유연 근무제, 수평 조직, 1등 문화 만들기, 리더십 진단, 보고 문화 혁신, 조직 활성화, 인사 혁신, Smart Workplace, 회의 개선, 1페이지 보고서 작성, PPT작성 금지, 현장 경영, 고객 감동 경영, 칭찬합시다, 제안 제도, 실패 장려, 실행력 교육, 야근 최소화, 재택근무, 소통 활성화 등 다양하다. 문제는 노력에 비해 예전과 달라진 것이 크게 없다. 이러한 활동에 대한 경영진과 직원들의 만족도는 매우 낮다.

전 직장의 일이다. CEO께서 찾아 올라가니 "왜 우리 임원들은 악착같이 실행하지 않느냐?"고 묻는다. "국가와 국민에게 도움이 되는 프로젝트를 수행하는 데 법이 문제가 되면, 공무원 및 관련자를 설득하여 법을 바꿔 프로젝트를 실행하고 결과를 창출해야 한다"고 역정을 내신다. 법 때문에 안 된다고 하소연하는 것에 답답하다 한다. "임원들이 이런 모습이니 직원들은 오죽 하겠냐?" 전 임원을 대상으로 악착같이 일하도록 의식을 확 바꾸라"고 한다.

일하는 방식의 혁신은 직원이 아닌 경영층을 대상으로 정하는 것은 옳다. 문제는 업무 수행의 효율과 효과를 위해 무엇을 개선해야 하는가에 있다. 표면적으로 보이는 것을 개선해 나가면 지금은 바뀐 것 같지만 시간이 조금 지나면 원위치가 되어 버린다. 내면적인 가치와 사고의 혁신이 개선되지 않고는 일하는 방식은 바뀌지 않는다. 구성원들은 리더의 일하는 방식을 닮고 싶어 하거나 따라서 한다. 새롭고 더 효과적인 방법이 있다 하더라도 리더의 생각이나 방식에 역행하려 하지 않는다. 리더 역시 과거의 성과, 지식이나 경험, 추진했던 방식에 익숙해 유사한 상황이나 과제에 대해서는 했던 방식을 답습하게 된다. 리더가 바람직한 모습과 틀을 잡아주고 본을 보여야 한다. 일에 있어 사고와 일하는 방식의 변혁은 직원이 아닌 임원계층부터 관리자 그리고 직원으로 내려와야 한다.

일하는 방식의 저해요인을 살펴보았다.
① **내부 지향적 가치에 매몰되어 사업의 본질을 이해하지 못한다.**
　　안전이 가장 중요한데, 도전하고 혁신하면 망한다는 사고에 꽉 차 있다. 가만히 있어도 이익이 나는데 왜 고객 요구를 파

악하고 무모한 도전을 하느냐는 사고가 임직원에게 가득하다.

② **부서와 개인 이기주의이다.** 자기중심의 일 처리, 자신이 할 일을 직원에게 떠넘기는 등 정 대리 같은 정 상무, 내가 아니면 남이 하겠지, 회사의 이익보다는 자신을 우선으로 하는 행동이다.

③ **흔들리는 회사와 개인 비전이다.** 방향을 모르는 직원으로 현 상태에 안주한다.

④ **일방적이고 획일적인 인사제도이다.** 능력과 성과보다는 상사와의 관계가 우선하고, 그때 그때마다 바뀌는 인사제도, 공정보다는 공평을 당연시하고 우선하는 관행이다.

⑤ **상호 의존의 비효율 문화이다.** 전원 합의와 상향 의존적인 의사결정 경향이 팽배하고, 내 것만 건드리지 않으면 된다는 생각과 처신으로 갈등을 회피한다. 한계를 당연시하고 안 되는 이유를 찾는다.

▎일하는 방식의 변화를 위해 어떤 전략이 필요한가?

회사가 추구하는 비전과 설정한 전략과 방안을 실행하기 위해서는 결코 혼자 해낼 수 없다. 임직원이 한 마음이 되어 한 방향으로 가야 한다, 악착같은 실행이 뒤따르지 않으면 성과는 결코 창출되지 않는다. 사고와 행동의 변혁이 일어나야 한다. 이를 위해서

첫째, CEO부터 솔선수범하여 모범을 보여야 한다.

CEO가 출근도 제대로 하지 않고, 중식 후 3시까지 낮잠을 자거나, 의사결정을 전부 본부장들에게 미루고, 4시 이후에는 볼 수 없다면 임직원의 일하는 방식의 변화와 실행은 기대할 수 없다.

CEO가 회의와 보고 시, 불필요한 관행을 과감히 없애고, 의사결정을 할 수 있는 사람만 참석하여 최대한 효율을 가져가야 한다.

사람을 바꿔야 한다. 사고방식이 회사 방침과 부합되지 않는 경영진을 퇴출하고, 경영진의 눈치를 보지 않고 변화를 실천할 수 있도록 뛰어난 사람을 관리자와 예비 경영자로 발탁 선발해야 한다. 사람보다는 제도와 시스템을 통해 지속 추진을 이끌어야 한다. 주관 부서를 정해 점검과 피드백의 실행을 해야 한다.

둘째, 고객 중심의 일하는 행동 변화를 이끌어야 한다.

회사가 잘하는 것보다 고객이 원하는 것을 찾고 우선해야 한다. 경영자가 현장을 직접 방문하여 더 많은 핵심 고객을 접촉해 정보를 수집하여 전략에 반영해야 한다.

셋째, 강한 Empowerment를 통한 명확한 결정과 위임이다.

회사의 비전과 전략과 연계하여 경영자와 관리자가 자신이 속한 조직의 비전과 전략을 수립하여 구성원들에게 내재화하고 실천할 수 있도록 해야 한다. 직원이 주도적이며 자율적으로 일을 이끌 수 있도록 교육하고 지도해야 한다.

넷째, 보고와 회의 문화의 개선이다.

오래된 기업일수록 상사가 싫어하는 쟁점에 대해 이견을 제기하기 어렵다. 구성원들이 자유롭게 말하거나 자료를 공유하지 않는다면 성과를 기대할 수 없다. 회사 성과가 최우선이라는 합의하에, 생산적 갈등과 실패를 인정하는 문화를 이끌어 가야 한다. 조직의 갈등을 숨기지 않고 공론화하고, 회의와 보고 원칙을 정해 철저히 추진하고, 대면 중심의 불필요한 보고와 회의를 과감히 없애야 한다. 사전에 자료를 공유하고 모든 보고와 회의는 끝장을 보도록 이끌어야 한다.

다섯째, 인사제도와의 연계이다.

잘하는 조직과 직원은 사례를 만들어 적극 홍보하고, 안 되는 조직은 찾아가 문제점을 파악하고 내부 컨설팅을 통해 개선하도록 해야 한다. 공정해야 한다. 일하는 방식 혁신 지표를 만들어 각 사업 조직이 어느 수준에 있고 어느 곳이 잘하고 있는가를 점검하여 홍보하며 활성화하도록 지속적으로 가져가야 한다.

한순간에 사고와 행동의 방식이 변할 수 없다. 주관 부서를 정해 작은 것부터 철저하게 일상화되도록 가져가야 한다. 일하는 방식의 변화는 기업의 특성에 따라 다르겠지만, 경영층부터, 내적 가치부터, 제도적 구축, 철저한 점검과 피드백으로 지속하는 방안이 가장 효과적이라고 판단한다.

07

내년도 사업계획,
이렇게 수립해라

| 왜 내년도 사업 계획인가?

전략팀은 전 부서에 내년도 사업계획을 작성하라는 업무 연락을 보냈다. 크게 4가지 내용이었다.

① 금년도 실적과 미진 사항에 대한 정리

② 내년도 환경 분석

③ 내년도 목표, 달성 전략과 중점 과제

④ 중점 과제별 세부 실천 계획

매년 작성하는 사업계획이지만, 조직장 입장에서는 CEO와 본부장 앞에서 발표해야 하고, 내년도 목표가 되기 때문에 여간 신경이 쓰이지 않는다. A팀장은 내년도 사업계획을 작성하기 위해 전략팀에서 전송한 업무 연락과 동일하게 팀원들 각자 작성을 하도록 하고, 전체 취합과 정리를 B차장에게 지시했다. 1차 취합된 자료를 보고하는 B차장의 모습이 힘들어 보인다. 무슨 일이 있느냐 물으니, 팀원들의 협조가 쉽지 않다고 한다. 내년도 목표와 전략을 수립해야 하는데, 현재 올해 실적 정리와 각자 자신이 하는 업무에서 개선 정도의 과제만 도출된 상태라고 한다. 이 수준으로는 CEO와 본부장에게 크게 질책을 받을 것이 분명했다. A팀장은 전 팀원을 회의실로 소집하고, 금년 목표의 2배가 되는 도전적인 과제를 선정하라고 지시했다. 영업과 생산부서도 아닌 간접부서에서 금년 2배의 도전적 과제를 무엇으로 선정해야 할지 팀원들의 고민과 불만이 높다. 사업계획 발표 1주일이 남았다. A팀장의 고민은 깊어만 간다. 무엇이 잘못되었는가?

매년 사업계획 보고를 받는 CEO와 본부장도 고민이 많다.

팀장들이 길고 멀리 보며 사업계획을 수립해야 하는데, 항상 단기 시각을 갖고 실적 중심의 계획을 세워 보고한다. 작년도 사업계획, 금년도 사업계획, 내년도 사업계획이 큰 차이가 없다. 이런 모습이면 굳이 사업계획을 작성하고 보고하는 이러한 프로세스가 의미가 없다. 20개 팀 중 5개 팀의 보고가 끝난 시점에서 살펴보니, 금년도 목표에 의한 결과물보다 목표 이외의 지시에 의한 결과물이 훨씬 많다. 미진 사항을 보면, 반드시 해야 할 과제였음에도 불구하고 하지 못한 과제도 많다. 사실상 사업계획에 의한 업무가 추진되는 것이 아닌 지금까지 해왔던 업무 분장의 과제를 실행한 것에 불과하다. 보고를 받던 CEO가 모든 본부장을 불렀다. 내년도 사업계획 작성을 전부 재 작성하라고 했다. CEO는 어떤 구체적 지시를 내렸을까?

┃ 3개년 중기계획을 작성하라

매년 수동적이고 변화 없는 사업계획 작성에 실망을 금치 못한 CEO가 내린 지시는 바로 3개년 중기 사업계획 작성이다. 매년 도전적이고 측정 가능하며 의미 있는 과제를 도출하라고 했건만, 매년 고만고만한 목표와 과제로 발표가 이어지고, 그에 따라 회사의 성과도 매년 유지 수준이었다. 고민 끝에 팀장들의 발표를 중지하고 내년도 사업계획을 3개년 중기 계획으로 변경하고 다음과 같이 4가지를 지시하였다.

① 3개년 중기 모습, 사업 영역의 변화 속 내년도 사업계획이 연계되도록 작성할 것

② 3개년 중기 과제와 결과물이 달성될 수 있도록 내년도 과제와 결과물을 연계시킬 것

③ 금번 보고는 3개년 모습, 사업 영역의 변화, 중점과제, 결과물이며 확정된 조직에 한해 내년도 실행 계획을 작성하도록 한다.

④ 금년 3개년 중기 계획이 통과되지 않은 팀장은 전원 교체할 것이며, 팀장 중심으로 중기 계획을 작성하라고 했다.

CEO는 본부장에게 각 팀의 중기 계획을 분석하여 각 본부의 중기 계획을 보고하라고 했다. 발표는 팀장의 사업계획이 아닌 본부의 중기 계획이며, 본부 중기계획 발표 시, 모든 본부장과 해당

본부의 팀장이 배석하도록 했다. CEO는 전략팀장에게 본부 중기 계획을 취합하여 전사 목표와 중점과제를 도출하라고 했다. 본부별 취합된 중기 계획을 종합 정리하니 3년 후 매출 목표가 현재보다 5배 이상의 수준이었다. 중요한 것은 생산본부의 생산 목표는 2배 수준이었고, 영업본부의 매출은 5배이다. 경영지원본부의 인력은 1.2배 증가된 수준이었다. 본부의 목표만 생각했을 뿐, 타본부와의 협력에 대해서는 전혀 고려하지 않았다. 도전적 목표를 수립하라고 하니까 전사적 합의를 구하지 않고 자신들 입장에서 목표를 정하고 중기계획을 수립한 것이다. CEO는 본부장들의 발표를 미루고, 본부장들과 전략팀장을 불러 분석 내용을 지적하며 질책을 했다. 먼저 회사의 3개년 모습과 목표를 정하지 않은 전략팀을 질책했고, 본부장들의 이기적 모습에 대해 질타했다. 그리고 3개년 중기 모습, 목표를 제시하고, 각 본부장에게 구체적인 모습과 목표를 부과했다. 이 모습과 목표를 달성하고, 본부 차원에서 더 해야 하는 과제를 찾아 보고하도록 했다.

| 사업계획 수립 못지않게 점검과 피드백도 중요하다

잃어버린 목표가 되지 않게 하기 위해서는 목표에 대한 점검과 피드백이 중요하다. 많은 회사들이 사업계획을 수립한 후, 사업계획에 대한 실행과 달성율을 점검하지 않고 주어진 업무 분장 상의 일반적 일을 한다. 분기 또는 반기 실적 점검이 있을 때, 지금까지 했던 일들을 정한 목표에 맞추는 작업을 한다. 성과가 높을 수 없는 이유이다.

CEO는 12월 3개년 중기 계획 하의 내년도 사업 계획을 확정 짓고, 본부장 주관 하에 매달 각 팀의 목표 대비 달성율을 보고받고, 본부 목표에 대한 실적과 계획을 전 본부장과 전략, 인사, 재무팀장이 참석한 자리에서 발표하도록 했다.

본부장에게 각 팀의 목표 달성율을 보고 받도록 했지만, 실행하지 않는 본부장도 있었다. 매달 실적과 계획은 목표에 따른 실행이 아닌 지금까지 해온 일에 대한 발표도 있었다. CEO는 질책을 하고, 이번은 경고이며 다음 보고는 철저히 목표에 따른 과제, 이의 달성율이 되도록 하고, 목표 이외의 과제와 결과물은 별도로 정리해 보고하도록 했다. 모든 본부장이 업적만 보고한 것에 대해서도 질책을 했다. 조직과 구성원의 역량 향상을 위해 했던 노력과 그 결과를 보고하도록 했다.

매월 본부장 성과 발표회가 진행되었다. 중간에 미진하거나 지시대로 하지 않은 본부장은 교체되었다. 분기별 본부 성과 발표회를 통해 본부장이 분기 실적과 계획을 보고하고, CEO와 해당 팀장과의 간담회로 이어지도록 분기 모임이 추가되었다. 전략팀은 회사 중기 계획과 당해년도 목표에 대한 점검과 평가를 실시하였고,

인사팀은 개인의 목표에 대한 점검과 평가를 담당했다. 전략팀에서 팀장 이상 평가한 자료는 인사팀으로 전달되었고, 이 조직 평가에 따라 개인 평가가 연계되도록 했다.

전략팀 주관의 조직 진단 및 컨설팅을 실시하여 성과가 부진하거나, 조직 활성화가 안 되는 조직장에 대해 인사팀에 별도 통보하여 조치를 진행하였다. 팀원의 역량과 성과 창출을 위한 팀장 이상의 교육은 인재육성팀이 담당해 그 결과를 인사팀에 통보하였다.

08

탁월한 의사결정을 위한
'1페이지' 보고서 작성법

| 보고서에 포함되어야 할 사항

간접부서 조직장의 일은 의사결정이고, 올바른 의사결정을 하려면 '보고서'와 '말'이라는 수단을 잘 다룰 줄 알아야 한다. 조직장이 보고서 작성, 보고서에 대한 판단, 보고하는 일 등을 제대로 할 줄 모르면 그것은 조직에 재앙과도 같다.

대부분의 기업에서는 보고서와 기획서를 통칭해 '보고서'라 부른다. 물론 보고서와 기획서는 서로 다르다. 보고서란 과거와 현재 중심으로 정확하게 사실 중심의 정보를 전달하는 것이며 실행에 초점을 맞추고 있다. 이에 반해 기획서는 현재보다는 미래에 초점을 맞추는 것이고, 더욱 장기적 관점에서 의사결정을 해야 하기 때문에 합리적 주장과 논리를 살펴야 한다. 무엇보다 성과 명시가 필수적이다.

보고서를 작성하고 보고할 때는 3가지 원칙을 지켜야 한다. 적

시성, 간결성, 명확성이다. 아무리 좋은 보고서라 할지라도 이미 적기를 놓쳐 조치할 수 없다면 아무 소용이 없다. 장황하고 불명확한 자료를 중심으로 작성된 보고서와 보고는 의사결정을 혼란스럽게 한다. 상사와 최종 의사결정자를 만족시킬 보고서를 쓰고 싶다면 다음 사항들을 고려해야 한다.

> ① 큰 그림(Output Image): 무엇을 위해 왜 해야 하는가?
>   (Why: 업무 방향 · 목적)
> ② 범위(Scope · Range): 어느 범위까지 다뤄야 하는가?
>   (Who · When · What · Where · How)
> ③ 마감일자(Deadline): 보고 시한은 언제인가?
> ④ 보고 대상: 최종 보고는 누구에게 하는가?

| 보고서를 보고 의사결정자가 파악해야 할 사항

보고서를 작성하거나 결정할 때 의사결정자가 판단해야 할 것은 무엇인가?

> ① 필요한 자료를 충분히 수집하였는가?
> ② 수집된 자료에 대한 해석과 통찰(Insight)이 제대로 이루어졌는가?
> ③ 예상되는 문제점과 해결 방안 목록이 적절한가?
> ④ 최적안을 선정하는 논리적 흐름이 옳고, 최대 이익 또는 최소 비용을 고려했는가?
> ⑤ 추진계획은 달성 가능하며 성과 창출이 예상되는가?

직장생활을 하면서 강조했던 보고서 작성의 원칙은 간략한 보고서이다. 가능한 1페이지로 보고서를 작성하고 그 안의 내용은 크게 다섯 영역으로 나누라고 했다. 다섯 영역이란 '배경 및 목적', '현재 수준과 목표', '근본 원인', '실행계획', '추진 일정'이다. P&G 사에서도 직원들에게 '1페이지 보고서' 작성을 원칙으로 하고, '목적 기술문(The Idea)—배경(Background)—추천사항(How it Works)—논리적 근거(Key Benefits)—토론—후속조치(Next Steps)—기타 사례 또는 예시'로 그 내용을 구성하는 것을 습관화 하도록 권유하고 있다.

보고서를 보면 그 기업의 수준이 보인다. 다시 말해, 보고서의 단순함과 명료함이 그 기업의 경쟁력이다. 30페이지가 넘는 데다 그 내용도 이전에 언급된 바 없는 낯선 보고서를 가져와서는 결재해달라고 한다면 상사나 경영진 입장에서는 당황스러울 수밖에 없다. 게다가 생소한 내용이기에 보고서 전체를 다 읽지 않고는 파악이 어렵다. 그런데 보고서 안에서 같은 내용이 여러 번 반복되면서 복잡하다. 전개되는 분량도 30쪽이 넘다 보면 후반부를 읽을 때면 전반부 내용이 무엇이었는지 헷갈리게 되기도 한다. 보고서를 작성한 담당자는 내용을 잘 알겠지만, 처음 보는 경영진 입장에서는 내용 파악도 제대로 되지 않았는데 의사결정을 해야 하는 것이다.

장황한 보고서로는 그 어떤 탁월한 의사결정을 내리기 어렵다. 보고서에는 핵심만 잘 담기면 된다. 즉 얻고자 하는 바가 무엇이며, 실제 기대되는 내용은 무엇인지(기대효과 서술), 그리고 얻고자 하는 바를 달성하기 위해 어떤 절차를 밟을 것인가만 담기면 된다. 하지만 이런 내용이 마구 뒤섞여 있거나, 달성 프로세스가 복잡하게 표현되었거나, 나아가 너무 많은 분량으로 빽빽하게 서술되어 있다면, 보고자가 전달하고자 하는 바는 상대에게 제대로 전달될 리 만무하다. 보고자가 원하는 바를 달성하기 위해 어떤 과제가 최적안인지, 어떻게 하겠다는 것인지를 1페이지 보고서에 담아 명확하고 간결하게 설명해야 한다. 추가 사항은 의사결정자가 질문하거나 보충 자료로 보완하면 될 일이다. 물론 모든 보고서를 1Page로 가져가는 것은 쉽지 않다. 중요한 내용을 중심으로 1Page를 작성하고 부수적으로 설명할 자료는 첨부로 하여 의사결정을 신속하게 가져가는 것이 합리적이고 효과적이다.

직장인에게 시간은 그 무엇보다 중요하다. 상위 직책으로 올라갈수록 시간의 중요성은 더 커진다.

의사결정을 제대로 할 수 있도록 직원들이 보고서를 잘 작성하게 하는 것도 회사의 경쟁력이다.

09

실적 악화의 원인과 전략

| 실적에 따라 달라지는 기업

A기업은 독보적 기술과 창의적 마케팅 역량으로 매년 20% 이상의 매출 신장과 매출 대비 10% 넘는 영업이익을 창출하는 중견 제조회사였다. 매년 급성장에 회사는 조직과 인력을 늘려왔고, 직원들의 보상 수준도 업계 최고 수준을 유지했다. 이 회사의 휴게실에는 항상 과일과 음료가 있었고, 구내식당은 뷔페로 운영되었다. 코로나19가 발생하자 회사는 생산직을 제외하고 사무 영업직 전원에 대해 원격 시스템을 보강하여 재택근무를 실시하였다.

코로나 2년차에 접어들며, 물량의 감소가 현저하게 나타났다. 지금까지 생산된 제품 100%를 납품했던 모기업이 기종 전환을 하면서 물량이 줄기도 했지만, 구매 제품의 일정 비율을 새로운 기술을 도입한 중소기업에 할당하였다. 가격경쟁의 서막이 시작되었다. 회사의 전략은 가격인하로 중소기업의 진출을 원천봉쇄한다는 것이었다. 판매가 급감하며 재고는 늘고 모기업을 제외하고 판로가 없었던 A기업은 결국 비용절감에 돌입하게 된다.

세계적 기업인 G그룹이 사무직 직원 대상의 대규모 명예퇴직을 실시한다. 미국 내 전체 사무직(5만 8000명)의 절반 이상이 명예퇴직 대상자이며, 전 세계적으로 수백 명의 사무직 직원이 명예퇴직 영향을 받을 것이라고 한다. 자동차 업계의 경쟁이 심해지는 외부 환경과 전기 자동차로 전환해야 하는 내부 전략 수행을 위해 20억 달러의 비용을 절감하겠다고 발표한 목표를 달성하기 위한 수단 중 하나이다. G그룹은 명예퇴직을 선택한 이들에게 근속연수당 1개월 치 급여와 재취업 지원 등을 제공했다.

실적 악화의 원인은 경쟁 치열, 시장 경기 침체, 고객의 외면, 제품과 서비스의 질 저하, 생산성 저하, 조직과 구성원의 안주, 리더의 잘못된 방향과 의사결정 등 다양하다. 기업 입장에서는 실적 악화의 원인을 파악하는 것보다는 해결안을 찾아 실행하는 것이 중요하다. 수많은 원인이 있지만, 원인만 가지고는 성과를 창출하고 성장을 이끌어갈 수 없다. 단 하나라도 대책을 마련해 실행하여 성과를 내야만 한다. 실적 악화의 상황에서 기업은 어떻게 해야 할 것인가?

| 실적 악화 시 기업의 대책

직원 3명과 함께 교육 사업을 하고 있는 A대표와 1년에 서너 번을 만난다. 지난 달 A대표를 만났는데 직원 급여 때문에 잠이 안 온다고 한다. 코로나 이후 기업 강의와 컨설팅이 축소된 것이 가장 큰 이유였다. 직원들은 10년 이상 함께 생활해왔기 때문에 회사 사정이 어렵다고 그만두라고 할 수 없다고 한다. 회사가 잘 나갈 때에는 몰랐는데, 상황이 어려워지니까 급여 지급일이 너무 빠르게 온다고 한다. 이번 달은 어떻게 간신히 막고, 다음 달 급여를 걱정하게 된다고 한다.

대기업처럼 대규모 인력을 동시에 명예퇴직 통보를 할 수 있는 여건이 아니다. 내보낼 수도 없고 나가라고 하면 순순히 응하지도 않는다. 기업 입장에서 실적이 악화되었을 때 할 수 있는 조치는 제한적이다. 대부분 기업들은 실적 악화의 징조가 보이면 다음 4단계로 대책을 마련하고 비상 경영을 추진해 간다.

첫째 단계는 비용 절감이다. 가장 먼저 회의비를 줄이고 소모용품에 대한 절약을 강조한다. 전체에게 영향을 주는 중식비와 같은 항목은 손대지 않지만, 자기계발비, 무료 음료, 휴게 공간 등 복리후생 비용을 과감하게 축소 내지는 폐지한다. 꼭 필요한 것 아니면 모두 줄이고 이 난국을 빨리 벗어나자고 강조한다.

둘째 단계는 제품 또는 인재에 대한 투자 축소 내지는 폐지이다. 부가가치가 낮은 제품에 대한 통폐합을 실시한다. 채용과 인재육성에 대한 비용을 축소하거나 폐지한다. 임금 인상이 동결되며, 확실한 성과가 아니면 성과급 지급을 할 수 없는 단계이다.

셋째 단계는 사업과 조직의 통폐합을 통한 축소와 폐지이다.
경쟁력이 없는 사업과 조직은 일차적으로 통폐합한다. 통폐합된
사업과 조직에 새 책임자를 임명한다. 경쟁력을 잃어가거나 경쟁
력이 없다고 판단된 사업과 조직은 이번 기회에 폐지한다. 사업부
도산제가 하나의 예이다. 사라진 사업과 조직의 인력에 대해서는
일차적으로 타 사업이나 조직으로 이동을 지시한다. 배치할 곳이
마땅하지 않거나, 이동이 곤란한 경우에는 육성의 기회를 주지만
어렵다 판단하면 취할 수 있는 방안이 그리 많지 않다.

넷째 단계는 인원 구조조정이다. 핵심인재를 제외하고 일정 수
준의 인력을 조정하여 회사에 위기의식을 강하게 전달하고 중장기
차원의 비용을 절감하는 방법이다. 인력구조조정이 끝나면 가장
먼저 해야 할 일은 남아 있는 인력에게 비전을 제시하고 조직 활
성화 프로그램 운영을 통해 한 방향 정렬을 하는 것이다.

리더의 언행에는 신뢰가 있어야 한다. 한번 약속한 말에 책임을
져야 한다. 원칙과 기본을 지키는 일은 매우 중요하다. 하지만,
회사가 위기 상황이 되어 망해 가는데 긴축 내지는 위기경영을 하지
않고 기존의 경영방식을 답습하는 것은 리더의 역할과 자세가
아니다. 리더는 실적 악화의 근본적 원인에서 해결책을 찾고, 악착
같이 실천하여 조직과 구성원을 성장하고 성과를 창출해야 한다.
회사가 망한 다음에 남는 것은 추억밖에 없다.

10

질책, 어떻게 할 것인가?

| A기업 CEO의 호통과 일방적 행동

경영 회의가 시작되었다. 매주 금요일 진행하는 회의이지만, 항상 긴장이 흐른다. 각 본부장이 실적과 차주 계획을 발표한다. 실적이 좋은 본부는 빠르게 지나가지만, 실적이 좋지 않으면 가장 먼저 죄송하다는 말부터 시작한다. 대책이 없고 원인만 있으면 그때부터 CEO의 호통은 시작된다. 20여 분 고함을 치며 인신공격도 서슴지 않는다. 호통이 끝나자마자 일어나 그만하자며 나가버린다. 보고를 하지 못한 본부장과 보고를 마친 본부장 모두 아무 표정이 없다. 한두 번 경험한 것이 아니기 때문이다.

| 어떻게 질책할 것인가?

회사에서 질책의 목적은 잘못한 부분을 알고 피해를 최소화하고 성장의 기반이 되어 향후 더 큰 성과를 창출하게 하는 데 있지 않을까? 질책 전에 고려해야 할 점이 있다.

1) 질책할 내용인가?

2) 어느 시점에 할 것인가?

3) 어떤 방법으로 할 것인가?

4) 질책 후 소기의 목적을 달성하기 위해 고려할 점이 무엇인가?

5) 파급 효과를 고려한다면? 등이다.

어떻게 질책할 것인가?

첫째, 질책할 내용과 관련해서는 우선 지적과 질책의 구분이 필요하다. 보고서의 오탈자, 사소하고 소소한 실수, 용어나 단어의 잘못된 선택 등 회사에 줄 수 있는 피해가 적은 잘못에 대해서는 지적하는 것이 맞다. 밑줄을 긋거나 툭 던지는 한마디로 충분하다. 질책은 눈물이 날 정도로 혼내 반성하고 다시는 안 하도록 하는 수단이다. 조직장을 질책하는 상황은 방향을 제때 못 잡거나, 제때 우물쭈물하며 결단을 못 내리거나, 조직과 인재 육성을 소홀히 하거나, 전사적 관점이 아닌 자신과 조직만을 위한 이기를 보이는 경우 등이다.

둘째, 질책의 시기는 잘못한 그 순간 질책보다는 하루 고민하고 그 결과에 대한 질책이 더 바람직하다. 큰 잘못에 대한 즉각적 질책보다는 명확히 인식하게 하고 그 대책을 빠르게 고민해 그 결과를 보며 질책할 것인가? 지원할 것인가? 판단하는 것이다. 스스로 냉철하게 자신을 돌아보는 시간이기도 하다.

셋째, 질책의 방법은 다 아는 내용이겠지만
1) 공개 석상에서 일방적 화풀이 식의 질책은 곤란하다. 오직 잘못한 그 사람에게만 직접 한다.
2) 비교 갈등, 상처 주는 말, 분노의 노출, 이전 잘못 포함 등 말의 품격을 잃는 행위는 하지 않는다.
3) 잘못한 내용에 대한 지적보다는 해결 방안에 대한 내용 중심으로 말한다.
4) 일방적이고 극단적 대화가 되면 곤란하다.

넷째, 질책 시 고려해야 할 점이 있다. 질책을 당하는 직원이 감정 상해 분개하거나, 앙심을 품거나, 바람직하지 않은 행동을 하면 곤란하다. 질책을 받은 사람이 기분 좋을 수는 없다. 질책이 끝난 후 풀어주는 시간이 반드시 있어야 한다. 잘못한 내용에 대해서는 빠른 보고가 이루어지도록 관심 가지고 지켜보며 진행 정도에 따라 격려해야 한다. 처리가 끝났을 때, 매뉴얼 비슷하게 사례로 정리하고, 처리에 대한 노고를 치하해야 한다. 하지만, 같은 잘못을 또 하게 되면 냉정해야 한다.

다섯째, 조직장이라면 질책의 파급 효과를 염두에 두어야 한다. 예를 들어 실패 사례의 공유이다. 재발 방지뿐 아니라 실패에서 교훈을 찾고 배우는 문화의 정착이다. 사내 교육 및 핵심가치 실천 사례로 공유하는 등의 여러 방안이 있다. 실패 사례집을 만들어 전 직원에게 공유하는 것도 한 방법이다.

효과적 질책이 되었는가? 질책으로 조직과 구성원의 사기가 저하되고 분위기가 침체되었는가? 이는 결국 질책하는 사람의 인성, 리더십 등 그릇 크기에 달려 있다. 조직장은 그 순간 화가 난다고 상처가 되는 말과 행동을 쏟아 붓는 사람이 아니다. 조직과 구성원의 내일을 보며, 오늘 잘못한 일에 대해 지혜롭게 조치해야 한다. **질책에 대해 깊이 느끼며 이를 기반으로 더욱 굳건한 팀워크와 성과가 창출되도록 해야 한다.** 물론 성과에 대한 압박, 책임은 CEO와 조직장이 실무 담당자보다 훨씬 높다. 길고 멀리 보며 함께 성장하여 성과 내도록 이끄는 사람이 CEO와 조직장이다.

11

최근 채용을 잘하는 회사의
5가지 특징

| 채용 전반을 개선하라

매우 안정적 장치 산업의 특성을 가진 40년 된 A기업은 매년 10명의 신입사원을 채용해 왔다. 이 회사는 지방에 위치하고 있지만, 신입사원 연봉은 5,500만 원 수준이며, 복리후생은 지역 업계 최고 수준이다. 입사한 사람들이 중간 퇴직하는 경우는 거의 없었다.

이 회사의 채용은 매우 폐쇄적이며 독특했다. 채용공고는 직군 무관으로 회사만 보고 지원하고 회사 홈페이지에만 의존했다. 입사지원서는 서류로만 접수 받았고, 서류심사 후 팀장 면접과 임원 면접만으로 합격자를 확정하였다. 입사 후 6개월 인턴이 끝나야 정규직 전환이 이루어지며, 부서는 본인의 희망보다는 회사 중심으로 결정되었다.

최근 몇 년 동안 신입사원들의 불만과 퇴직이 늘며, 지원자가 급감하는 현상이 발생하자 회사는 채용 전반에 대한 개선을 추진하기로 하였다.

당신이 채용담당이라면 어떻게 개선하겠는가?

123

A그룹 관계사 인사담당자를 대상으로 인재 채용과 관련된 강의를 실시하였다. 강의를 시작하기 전, 채용과 관련한 애로사항이나 궁금한 점을 하나씩 적게 하였다. 채용과 관련된 인사담당자의 애로사항은 다음과 같다.

① 최근 신입 직원들의 이탈이 많다. 이직률을 줄일 수 있는 방안이 있는가?

② 직무 중심의 수시 채용이 되며 현업의 신속한 채용을 요구하는데, 한계가 있다. 어떻게 할 것인가?

③ 직무 역량을 보고 채용했는데, 인성이 좋지 않아 조직에 부담을 주는 사례가 발생한다.

④ AI 지원, AI 면접 등 비대면 채용 시 유의사항

⑤ 면접관의 선정과 올바른 면접 방법

⑥ 회사가 원하는 인재를 선발하는 비결

⑦ 지방 제조업 중소기업이다. 지원도 하지 않는 상황인데, 지원하게끔 하는 방안이 있다면 무엇인가?

⑧ 채용 후, CEO와 경영진이 이번 채용 인력은 지난 번보다 못해 라는 말을 들을 때 서운하다. 경영층이 만족하는 채용을 어떻게 가져갈 수 있는가?

⑨ 경력사원 채용 시, 처우 협상의 어려움이 많다. 어떻게 처우 협상을 해야 하는가?

⑩ 채용 담당자가 갖춰야 할 역량을 무엇인가?

각각의 질문에 대해 하나하나 답변을 하면서, 신입사원 때 채용을 담당했던 생각을 했다. 당시에 입사지원서는 전부 종이로 작성하였다. 들어온 입사지원서를 복사하여 현업 부서에 전달하여 1차 합격자를 선정하였다. 2차 면접의 면접관에게 또 지원서 등 서류를 복사하고 진행하는 것이 일이었다. 지금처럼 회사에 맞는 인재를 어떻게 선발하고, 보다 채용의 공정성과 경제성을 고려할 역량도 상황도 되지 않았다. 평생직장이었기 때문에 이직은 생각도 하지 않았다. 채용 시장과 환경이 너무나 변했다.

| 최근 채용을 잘하는 회사의 5가지 특징

국내에서 채용을 잘하는 회사를 선정하라면 어디를 추천하겠는가? 회사마다 특성이 있다. 입사지원서부터 AI를 도입하여 채용의 경제성을 높이는 롯데그룹과 SK그룹, 공정성을 강조하여 블라인드 채용을 하는 공기업과 금융기관, 인적성 검사에 독보적인 강점을 가지고 있는 GSAT의 삼성, 합숙으로 면접을 진행하는 KT&G, SPC 그룹과 같이 실습 면접을 실시하는 회사도 많다.

채용을 잘하는 많은 기업들의 공통점은 회사의 고용 브랜드 전략이 명확하고, 인재에 대한 어느 정도의 정의를 내리고 있다는 점이다. 세부적으로 살펴보면 다음과 같다.

특징 1) 인력운영 계획에 의한 직무 중심의 채용 규모 확정

공채 또는 수시 채용을 하더라도, 직무 중심의 필요한 역량, 인원, 시기를 명확히 하여 현업의 요구에 맞는 인재를 선발해 주고 있다. 년 말이나 년 초에 중기 인력운영계획 하의 당해 연도 인력운영계획을 수립한다. 본부장 중심의 사업전략과 연계된 인력수급계획 하에 현업에 필요한 직무별 채용 규모를 결정한다. 이때, 외부 충원에 앞서 내부 이동 배치 또는 사내공모를 마무리하고 외부 채용으로 이어지도록 인력 운영을 하고 있다.

특징 2) 현업과 연계한 직무 중심의 채용 추진

채용 공고부터 입사지원서의 자기소개, 면접에 이르는 모든 채용 프로세스가 현업 중심이며, 직무 역량을 파악할 수 있도록 모듈화 되어 있다. 현업 부서장과 직무 전문가가 중심이 되어 입사지원서와 면접의 질문, 심사 기준과 배점 등을 결정한다. 입사지원서에 대한 심사 및 면접관 참여를 통한 직무 역량 심사를 통해 현업에 맞는 인재를 선발하도록 한다.

특징 3) 인성에 대한 철저한 검증

직무 중심의 채용이라 해도, 회사의 철학과 핵심가치에 부합하는 인재인가를 채용 단계에서 파악한다. 입사지원서의 자기소개 질문, 인적성 검사, 경영층 면접, 입사 후 입문 교육과 수습기간을 통해 면밀하게 인성을 관찰하여 조직과 구성원에게 피해를 줄 수 있는 지원자 또는 합격자를 선정하여 조치한다.

특징 4) 면접관, AI기기 지원의 투자

채용이 강한 회사는 면접관의 자부심이 높다. 인사담당자가 사정사정해서 면접관을 모시는 것이 아닌 그 해의 면접관이 선발되어 자신이 어떤 면접, 언제, 어떻게 참여하는 등 역할 분담이 분명하다. 면접관에 대한 예우, 동기부여도 체계화되어 있다. 이들은 질문, 역할, 순서, 심사, 합격 여부에 대한 의사결정 등이 사전에 숙지되어 있어 물 흐르듯 채용 절차가 진행되도록 한다. 또한 입사지원서 접수부터 퇴직까지의 프로세스에 AI기기에 대한 투자가 이루어져 안전하고 효율적인 채용이 이루어지고 있다.

특징 5) 채용도 중요하지만 유지관리가 더 중요하다고 생각한다.

'대 퇴직 시대'라고 한다. 평생직장의 개념이 아니고 옮길수록 자신의 가치가 향상된다고도 생각한다. 한 직장에 3년 이상 근무하면 정체된다고 한다. 3년 이내에 직원이 퇴직하면 조직에 미치는 부정적 영향은 매우 크다. 어떻게 유지관리 할 것인가? 고민하여 구성원이 자신의 직무에 자부심을 느끼며, 성장과 즐거움을 갖도록 유지관리 방안을 찾아 가치를 창출하고 성과를 내도록 한다.

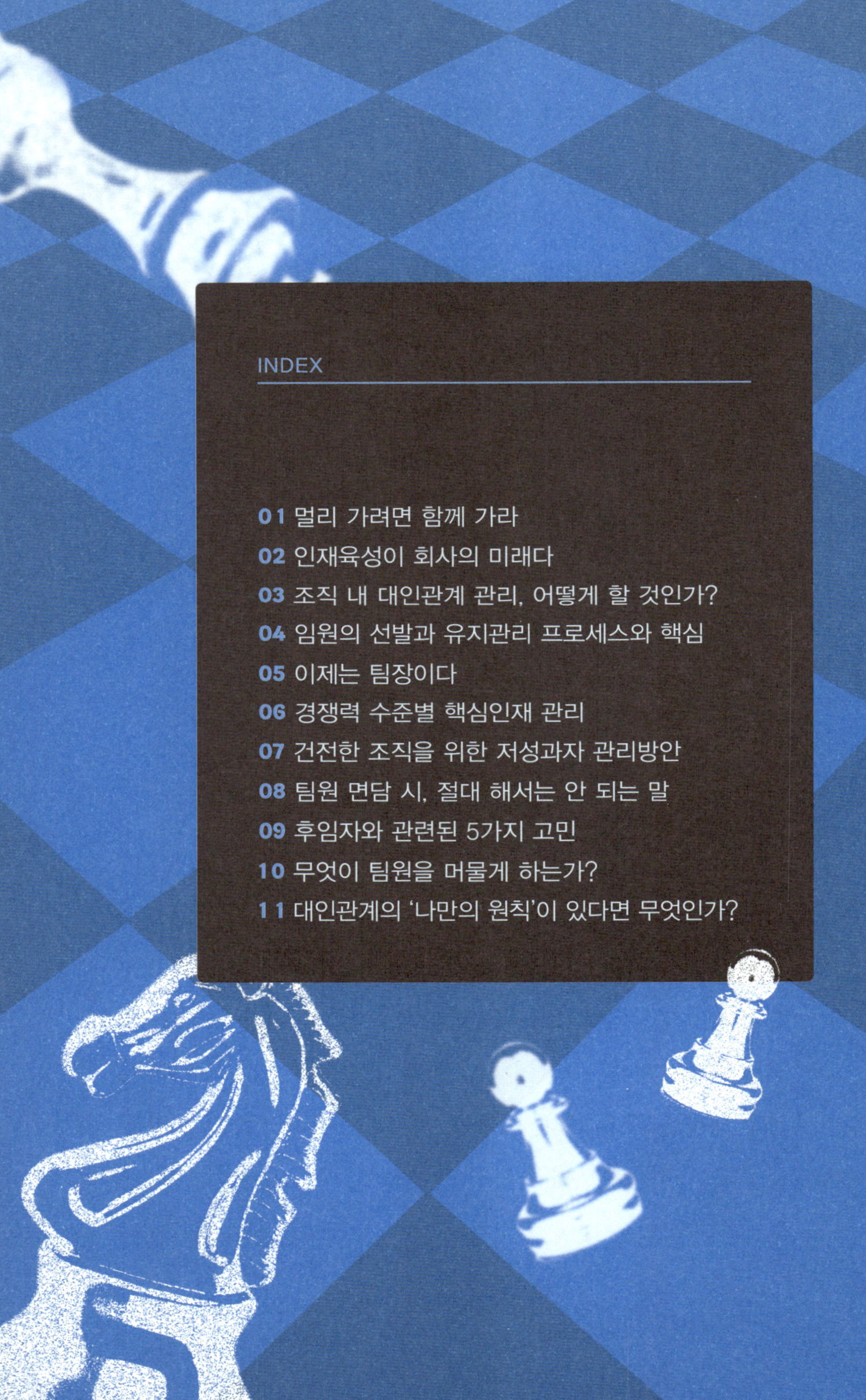

사람 관리

멀리 가려면 함께 가라

| 김 팀장의 임원 승진 탈락

작년 임원 승진에 탈락했던 김 팀장은 업적으로 보면 팀장 중 최고 수준이다. 까다롭기로 소문난 A공사의 수주를 땄다. 당시 3주의 제안서 작성 기간 동안 사무실에서 숙식을 하고 A공사에 10번 이상 방문하여 세심한 부분까지 반영했다는 것이 평가자의 의견이었다. 개인 매출 1위를 달성하였고, 영업 이익 1위도 달성했지만, 임원에서 탈락한 것이 구성원들에게 회자될 정도였다.

금년도 김 팀장은 다른 팀장은 하나의 프로젝트도 힘들어 하는데, 3개의 프로젝트를 마무리했다. CEO가 관심을 갖고 있던 전사 메가 프로젝트 PM 역시 김 팀장이었다. 프로젝트를 수행하는 김 팀장은 철두철미했다. 팀원들의 조그만 실수를 용납하지 않을 정도로 점검하고 관리해 나갔다. 프로젝트를 마친 팀원들이 모두 나가 떨어질 만큼 타이트하게 추진했다. 금년도 임원인사에서도 김 팀장은 탈락되었다. 영업본부장이 강력하게 추천하였지만, 인사부서와 CEO의 결정은 바뀌지 않았다.

일의 추진력과 성과 창출력은 자타가 인정하는 최고 수준인데, 왜 임원 승진에서 번번이 탈락되는가? 그 이유를 무엇이라고 생각하는가? 김 팀장은 최고의 성과를 냈지만, 2번이나 임원 탈락이 되자 인사팀장을 만나 조금은 서운하다고 면담을 요청했다. 인사팀장이라면 김 팀장에게 어떻게 이야기하겠는가?

| 담당자로서는 최고이지만, 부서장으로는 곤란한 팀원

구매 업무를 담당하는 김 차장은 입사 11년차의 베테랑이다. 협력업체 리스트를 매출과 친밀도 중심으로 4분류를 하여 등급 관리를 실시한 것으로 유명하다. 회사 매출의 신장세가 주춤할 때, 최상 등급 이하의 협력업체에 대한 단가 조정을 통해 원가 절감을 실시하였다. 구매 JIT 시스템을 도출하였고, 월 1회 2등급 이상의 구매담당자 워크숍을 통해 소통 활성화에도 이바지했다. ERP 시스템을 도입하여 구매 업무를 한 수준 선진화 했다는 평을 받고 있다.

중소기업인 B회사는 경영 관리팀에 전략, 홍보, 구매, 인사, 재무, 총무 담당자가 있다. 전략 업무는 팀장이 담당하고 있다. 인사와 재무 직무는 과장과 한 명의 사원, 각 2명이 담당한다. 구매와 총무는 각 1명이고, 구매 업무 담당자인 김 차장은 팀의 최고참이지만 입사 후 지금까지 구매 업무만 담당했다. 10월 임시 조직개편으로 경영관리팀장이 임원이 되어 겸직상태로 운영되어 왔다. 1월 팀장 인사에서 김 차장이 경영관리팀장이 될 것이라는 소문과는 달리, 인사 업무를 담당하던 이 과장이 팀장이 되었다. 김 차장은 팀장인사가 있던 다음 날 휴가를 내고 3일 동안 회사 출근을 하지 않았다. 신임 경영관리팀장과 관리 본부장은 김 차장을 불러 면담을 하였다. 김 차장은 구매 업무에 있어서는 최고 업무 담당자이지만, 타 업무에 대한 관심이 전혀 없었다. 회사의 전략이 무엇이고 향후 어떤 방향과 목표, 전략과제가 무엇인지 알지 못한다. 회사의 재무 상황에 대해서도 알지 못한다. 구매 업무만 잘할 뿐 회사 행사와 공동 업무에는 항상 미온적이었다. 구매 업무와 연관이 없는 부서와는 소통하거나 협조할 생각을 갖지 않았다.

관리 본부장은 김 차장에게 구매 담당자로서 최고의 전문가라고 말했다. 구매 업무에서 성과를 창출하기 위해 김 차장이 관심을 갖고 일 추진 프로세스의 개선과 점검은 타의 모범이 된 점에 대해 고맙다고 전했다. 본부장은 부서장의 역할과 해야 할 일을 물었다. 김 차장이 답변을 하지 못하자, 본부장은 부서장의 역할과 잘해야 할 일을 설명하며, 김 차장은 많이 부족하다고 피드백을 주었다.

| 임원을 꿈꾸는 사람은 함께 가야 한다

전 직장 멘토였던 김 사장이 직장 생활하면서 강조했던 4가지가 있다.

첫째, 일 잘하는 것은 과장까지이다. 차장부터는 일 잘하는 것은 기본이며 인간관계가 더 중요하다. 주변의 이야기를 듣고 배려하는 마음이 표현되어야 한다.

둘째, 회사 직원뿐 아니라 도움 주는 분들에게 잘해라. 1층 보안 담당자, 미화 담당자에게 인사하고 명절 등 특별한 날에는 감사를 표해라.

셋째, 힘들어하며 상심한 사람에게 관심을 갖고 잘해줘라. 본사 핵심 부서에서 근무하다가 지방으로 좌천된 선배와 동료를 기억하고 자주 연락을 취해라.

넷째, 주고받는 관계가 아닌 주고 또 주는 사람이 되어라. 자신이 노력해 얻은 자료와 경험이라고 자신의 것이라 생각하는 경향이 있다. 회사에서 얻은 지식과 경험, 정보와 자료를 필요로 하는 사람에게 아낌없이 줘라.

임원 승진에 2번이나 탈락한 김 팀장에게 CEO가 불러 피드백해 준 내용은 다음과 같다. '일을 잘하지만, 일밖에 모른다. 직원이 힘들어하는 점이나 애로사항에 대해 관심이 없다. 무조건 주어진 시간 내 해내라는 식이다. 직원의 꿈과 개인사에 대해 인간적인 관심이 없다. 그리고 무엇보다 직원의 인사도 받아주지 않았다. 회사는 혼자 빨리 가는 곳이 아니다'이었다. '빨리 가려면 혼자 가고, 멀리 가려면 함께 가라'고 한다. 기업은 사람이 모여 함께 일을 만들어가는 곳이다. 혼자 운영할 수 있지만, 한계가 있다. 제품이나 서비스를 기획하고, 생산하며, 마케팅하고, 재화와 사람을 관리해 나가는 것이 경영이다. 경영을 실제로 굴러가게 하는 바퀴는 바로 사람이며, 사람을 제대로 알고 이해하는 것이 바로 리더가 명심해야 할 점이다. 리더라면 사업의 본질을 꿰뚫고 있어야 한다. 회사의 전략, 조직, 사람, 재무 현황을 알고 방향과 전략, 중점과제를 제시할 수 있어야 한다. 전략적 의사결정을 하고, 구성원의 사기를 진작시키며 한 방향 정렬을 이끌어야 한다. 혼자만 잘났다고 될 수 있는 일이 아니다. 길고 멀리 보며, 함께 가야 한다. 함께 가지 못하고 자신의 생각과 행동을 강요하거나, 혼자 잘하려는 사람이 리더가 된다면 조직과 구성원은 어떻게 되겠는가?

02

인재육성이 회사의 미래다

| 사람을 잃으면 다 잃은 것이다

칼과 창으로 전쟁을 하던 시대에 무장의 기준은 한 명이 백 명 이상을 상대할 수 있는 체력과 무술을 가진 사람이다. A나라는 기골장대하고 무예가 뛰어난 장수들이 전쟁에 나가 앞장서서 적들을 상대하다 죽었다. B나라는 일부 뛰어난 장수가 후방에 남아 후진을 양성하였다. 전쟁이 단기간에 끝나지 않고 몇 년을 두고 이어졌다. A국과 B국 중 어느 나라가 승리했겠는가?

기업의 경영자는 크게 두 부류로 직원 육성과 활용을 구분한다. 육성하는가? 영입하는가?

자금력과 기술은 있으나 기업의 역사가 짧고 인원이 적은 경우에는 외부에서 필요한 영역의 인재를 영입하게 된다. 그러나 초우량 기업이 되었을 경우에는 내부 육성이 보다 더 중요하다. 내부 초일류 인재들을 다른 기업으로 빼앗기거나 퇴직 후 새로운 경쟁자가 되도록 하면 안 된다. 최고의 인재에게서 최고가 될 수 있는 인재가 키워져야 한다. 이슈는 기업이 경쟁 단계에 있을 때이다. 내부의 핵심인재가 중심이 되어 전방에서 싸움을 하고 있을 때, 또 다른 핵심인재가 우수한 직원들을 최고의 직원으로 가르쳐야 한다. 이것을 소홀히 하여 핵심 또는 우수인재가 회사를 떠나는 순간 일정 수준 이상의 일은 하지 못하게 된다. 물론 외부에서 영입해 올 수 있다. 하지만, 영입인재에 의한 지속적 성과는 한계가 있다. 내부 토양과 받쳐주는 우수인재가 있을 때, 외부 핵심인재가 빛을 발할 수 있다. 결국은 영입과 육성을 병행해 가면서 경쟁우위를 강화해야 한다.

경영이념으로 '인재 제일'을 강조하던 삼성의 인재육성 제도 중 다음 3가지는 기업이 눈여겨봐야 한다고 생각한다. 첫째, 신입사원 입문교육부터 경영자 세미나로 이어지는 리더십교육이다. 이 중 신입사원 교육은 삼성인으로 변화시키는 관문이었다. 임원이 되어 받게 되는 신임임원교육도 다시 한 번 자신, 회사, 직무를 생각하는 계기가 되었다고 생각한다. 둘째, 외국어 검정, 외국어 생활관, 지역전문가, 주재원, 현지 채용인 교육으로 이루어진 글로벌 교육이다. 이 중 지역전문가제도는 삼성의 글로벌 수준을 크게 향상시킨 획기적 교육이라고 생각한다. 셋째, '선배에 의한 후배 지도'였다. 현장의 상사나 선배의 OJT, 멘토링, 코칭의 다양한 형태로 현장에서 필요한 지식과 경험이 전수되었다. 인재 육성에 대한 삼성의 관심과 투자가 지금의 삼성을 만들었다고 해도 과언이 아니다.

최근 많은 직원들이 몸담고 있던 직장을 자발적으로 퇴직한다. 퇴직의 이유는 다양하다. 만약 자신이 인정하고 존경하는 선배 또는 상사가 자신이 알지 못하는 지식과 경험을 알려 주고, 있으면 있을수록 더 성장한다는 생각을 갖게 하면 떠날 것인가? 역량이 떨어지고 배우려는 의지도 없고 목표와 열정도 없는 직원이 퇴직한다고 하면 붙잡는 사람은 그리 많지 않을 것이다. 회사도 도움이 되지 잃는 것은 없다고 결정할 것이다. 하지만, 핵심 직무역량을 보유하고 품성과 성과도 높은 인재를 잃으면 많은 것을 잃게 된다. 더 중요한 것은 직원들이 성장하지 않고, 있으면 있을수록 정체되거나 퇴보한다는 생각을 갖게 하면 다 잃게 된다.

| 두 회사의 미래

A회사는 교육 입과 전부터 대상자는 교육 준비에 여력이 없다. 해야 할 사전 과제뿐 아니라 현장의 사례, 도움 될 자료들을 준비한다. 이들이 교육 참석한다고 부서장에게 말하면, 부서장은 건강 조심하라고 한다. 합숙으로 진행되는 교육은 6시에 마치지만, 이 시간 이후 해야 할 일들이 많다. 잠 잘 시간이 없다. 강의나 토론 시간에 발표를 해야 하며, 적극적으로 토론에 임해야 한다. 강사의 질문에 대답해야 하며, 주어진 사례에 대한 자신의 해결방안에 대해 말해야 한다. 입과 전, 이들의 조와 숙소는 정해져 있고,

입과 테스트에 일정 점수가 되지 못하면 교육과정에 참석할 수가 없다. 집안 경조사가 아니면 교육에 불참하는 사람이 없다. 강사는 최고 전문가가 담당한다. 강의나 토의 중 자세가 흐트러지는 사람이 없다. A회사의 교육과정에는 별도 평가가 없다. 입과 할 사람만 참석하고, 매 순간이 평가이다. 자격이 되지 않는다고 판단하면 바로 미 수료 조치가 된다.

B회사의 교육담당은 오늘도 고민이 많다. 교육 시작하는 당일 아침, 30명의 대상자 중 8명이 참석하지 않았다. 잠시 후 원장을 모시고 시작 특강을 해야 하는데, 이유를 알 수 없다. 동료에게 부탁해 확인하니 업무가 바빠 참석할 수 없다고 한다. 참석한 대상자의 조 및 숙소 편성을 하였다. 한 명이 오더니 3일 교육 중 하루만 참석하겠다고 한다. 일이 많아 부서장이 1일만 참석하라고 했다고 한다. 대부분 참석자도 교육보다는 쉬러 온 느낌이다. 사내강사들도 첫마디가 다음부터는 자신을 부르지 말라고 한다. 당연히 사전 평가도 없고 토의도 없다. 질문을 하면 대답하는 사람이 한 명도 없다.

| 위기에 기회를 창출해야 한다

불황으로 제품이 판매되지 않고 재고가 쌓이며 특별히 할 일도 없고 회사가 어려워질 때 무엇을 해야 하는가? 일본 경영의 신이라고 불리는 마쓰시타 고노스케 회장은 "지금이야 말로 직원들을 교육해야 할 시점"이라고 했다. 바쁠 때는 시간이 없어 육성에 신경 쓸 틈이 없었지만, 지금은 여유가 있으니 강한 교육을 통해 지식과 스킬을 높이라고 했다. 이 분은 진정한 경영의 신이다. 임직원은 불황이고 할 일이 없으니 불안했을 것이다. 내쫓지 않고 교육하라고 하니 얼마나 회사와 경영자에게 고맙겠는가? 불황이 지난 후 어떻게 했을까 보지 않아도 알 수 있다.

육성이 강한 회사는 3가지 특징이 있다.

첫째, 조직과 구성원들이 배움에 대한 열정이 강하다. 자신이 지닌 지식과 경험을 전수하겠다는 생각이 강하다. 회사와 경영자 나아가 직무에 대한 로열티가 높다. 지식경영이 회사 곳곳에서 자연스럽게 이루어지며, 배우는 것이 당연하고 모르는 것이 부끄럽다는 생각을 가지고 있다.

둘째, 인재개발원과 HRD 부서의 역할이 분명하고 위상이 높다. HRDer의 역량 수준이 높고 아무나 갈 수 있는 부서가 아니다. 연간 예산은 비용이라고 생각하지 않고 투자라는 마인드가 강하다. 인재육성의 비전, 전략, 육성체계, 프로그램이 최고 수준이며 매년 변화에 맞추어 조정된다. 망해가는 기업을 보면 인재개발원 또는 HRD부서를 한직이라고 한다. 인재개발원장이 1년에 한 번씩

바뀐다. 자신만의 프로그램이 없이 시설만 빌려주는 역할을 수행한다. 회사의 지원이 없으면 독자 생존할 수 있는 역량이 없다. 아니 그럴 생각도 없다.

셋째, 최고의 전문성을 갖춘 사내외 강사가 교육을 이끈다. CEO가 직접 강의를 진행하고, 전문가 중에서도 엄선되고, 준비가 되지 않은 사람은 강단에 설 수가 없다. 회사의 강사라는 자부심이 들도록 한다. 최고의 인재에 의해 미래 최고의 인재들이 육성된다.

우리 회사는 지금 강한 인재를 육성하며, '선배에 의한 후배 지도'가 이루어지는 문화를 가지고 있는가?

03

조직 내 대인관계 관리,
어떻게 할 것인가?

| 내성적이라 나서고 싶지 않아 하는 직원

A대리는 소심하고 남 앞에 나서는 것을 매우 꺼려한다. 그냥 뒤에서 묵묵히 자신의 일 또는 공동의 일하기를 선호하지, 사람들이 모여 떠들썩하고 복잡해지는 상황을 견딜 수 없어 한다.

A대리는 회의, 회식 등 모임 자리에 존재감이 없다. 항상 제일 구석진 자리에 앉거나, 말 한마디가 없어 투명인간 취급을 받는다. 회의 중 팀장이 소속감을 주기 위해 질문이나 발표를 요청하면 어찌할 바를 몰라 한다.

A대리도 자신의 성격이 좀 더 외향적으로 개선되길 희망한다. 동료와 선배 나아가 상사에게 자신의 주장을 명확하게 말하고, 아닌 것은 아니라고 하고 싶어 한다. 또한, 스스럼없이 찾아가 이런 저런 이야기를 나누며 재미있게 직장생활 하길 원한다. 하지만, 주변에서 이미 A대리에 대한 이미지를 조용히 자리를 지키며 자신의 일만 하는 직원으로 인식하고 있다. 출근 후 자신에게 오는

사람은 일을 점검하거나 지시하는 상사, 자신의 일을 떠넘기려는 직원밖에 없다. 팀 회식이 아니면, 함께 점심을 먹으러 가자는 사람이 없다. 이제는 혼자 식사하는 것이 익숙하고 편하다는 생각이 든다. A대리는 회사가 추진하는 '직원 지원 제도'에 두려운 마음을 갖고 외부 상담사에게 면담을 신청했다. 외부 상담사인 당신은 A대리에게 어떻게 면담하겠는가?

| 왜 조직과 구성원의 인정을 받지 못하는가?

재무 직무를 지원한 B직원은 NCS 기반의 채용단계에서 만점에 가까운 높은 점수로 입사하여 재무팀에 배치되었다. 재무팀장과 재무팀 직원들은 오랜만에 뛰어난 인재가 입사하게 되어 기대감에 부풀어 있었다. B직원이 재무팀 배치 받고 2주도 되지 않았는데 팀의 불협화음이 심각하다. B사원은 상사나 선배가 자신의 역할과 무관한 일을 요청하면, 그 자리에서 "제가 왜 그 일을 해야 하나요?" "제가 담당하는 업무 분장의 직무에 집중할 수 있도록 해 주세요"라고 한다. 재무팀은 월말에 대부분 야근을 할 수밖에 없는 구조이다. B직원은 항상 6시 퇴근이다. 정시 출근 정시 퇴근은 기본이라고 한다. 자신은 열심히 했는데, 일을 마무리하지 못하면 사람을 더 채용해야 한다고 한다. 자신과 무관한 공동 업무에 B직원은 얼굴을 볼 수가 없다. 팀원들은 B직원이 신입직원임에도 불구하고 누구 한 명 일에 대해 알려주려 하지 않는다.

　가장 높은 실적으로 임원 후보로 물망에 올랐던 영업 1팀장이 임원 후보에서 탈락되었다. 영업 현장에서 잔뼈가 굵었고, 실적도 3년 연속 가장 높기 때문에 대부분 영업 직원들은 영업 1팀장이 가장 유력한 영업 담당 상무가 될 것이라 생각했다. 회사는 영업 담당 상무의 선정 기준으로 영업과 관련된 전문성, 최근 5개년 업적을 당연히 살폈다. 이 두 기준에는 영업 1팀장이 압도적으로 높은 점수를 받았다. 하지만, 탈락하게 된 근본원인은 인간관계이다. 영업 1팀장은 사람을 믿지 않는다. 실적을 높이기 위해 팀원들을 경쟁시키고 매일 실적이 낮은 영업 팀원은 질책을 듣고 반성문을 작성해야만 했다. 시간대별 보고는 기본이고 불시 점검을 실시했다. 항상 자신의 눈으로 확인해야만 믿는다. 자신과 경쟁이 될 만한 사람은 철저하게 배제하였다. 직원들의 불평 불만은 1:1 면담과 전체를 모아놓고 팀과 자신에 대한 부정적 말을 하는 직원을 엄하게 질책하고 회사를 떠나게 만들었다. 영업 1팀장과 함께 하는 팀원들은 NO라는 말을 하지 못한다. 모두가 시키는 것만 잘한다. 영업 1팀장은 자신이 강하게 시키면 직원들은 성과를 낸다는 생각을 가지고 오늘도 시간대별 영업 실적을 보며 팀원들을 독려한다.

| 직장 내 인간관계 어떻게 할 것인가?

직장에서 인정을 받는 직원은 누구인가? 자신의 역할을 잘하고, 직무에 대한 전문성이 높고, 업적이 뛰어난 직원은 그렇지 못한 직원에 비해 인정을 받을 것이다. 하지만, 이들이 전부 관리자가 되고 경영자가 되는 것은 아니다. 팀원으로 잘한 직원이 팀장이 되지 않거나, 팀장이 되어 팀워크를 무너트리고 낮은 성과를 내어 결국 보직 해임되는 경우가 많다. 팀장의 경우도 마찬가지이다. 팀장으로 직무 전문성과 성과가 좋았지만, 경영자가 되지 못하거나, 경영자가 되어 조직과 구성원에게 실망을 준다. 왜 이런 일이 발생할까?

근본적으로는 역할의 차이를 명확하게 인식하지 못함에 있다. 역할이 다르면 바뀐 역할에 맞는 전문성과 경험을 쌓아 성과를 창출해야 한다.

다른 하나는 소통을 통한 관계 정립이다. 일과 사람 관계에 있어 원칙을 가지고 일관성과 지속성으로 실천해야 한다. 일을 함에 있어 가치관이 분명해야 한다. 왜 이 일을 해야 하는가? 일의 가장 바람직한 모습과 목표가 무엇인가? 언제까지 누가 어떻게 할 것인가 분명한 원칙을 정해 우선순위에 의해 악착같이 추진해야 한다. 솔선수범해야 한다.

인간관계에 있어서는 관심, 진정성, 성장시키려는 마음, 적극적 표현이 중요하다. 조직장이라면 조직과 구성원에게 관심을 가지고 진정성 있게 성장시키려는 마음이 전달되어야 한다. 믿음을 가지고 상대의 마음속에 간직된 사람이 되도록 적극적 소통을 해야 한다. 조직장이 되어 조직과 상대를 감동시킬 수 없다면 곤란하다. 자신의 마음과 행동이 전달되어 '참 멋진 분이다. 함께 근무했으면 좋겠다.'는 말이 회자되도록 전사적 관점에서 의사결정과 성과를 창출해야 한다.

직장 내 인간관계에서 성공한 조직장은 자주 찾아와 이런 저런 이야기를 전하고, 궁금한 사항을 언제든지 요구하는 직원이 많을 때이다. 직속 상사가 아쉽거나 궁금할 때 가장 먼저 찾는 직원이 인간관계가 뛰어난 직원이다.

임원의 선발과
유지관리 프로세스와 핵심

| 누구를 임원으로 선발하겠는가?

김 상무는 한 기업을 이끌어 가는 경영자는 오랜 기간을 두고 육성되어야 한다고 생각했다. 그룹 인사를 총괄하게 된 그는 신입사원에서 최고경영자까지 되기 위한 리더십 파이프라인을 완성하였다.

1) 신입사원으로 입사하여 1달간 입문교육을 받는 동안, 함께 교육을 담당하는 3년 차 지도 선배에 의해 상위 20%의 우수 인력이 선발된다. 이 20%의 인력은 이후 3년간의 현업 근무 성적과 조직장의 관찰 사항, 외국어 역량 등을 종합적으로 검토 받아 차기 신입사원 지도 선배로 발탁된다. 물론 최초 20%에 선정되지 않았더라도 현업에서 두각을 나타낸 직원에게는 동일한 기회가 부여된다.

2) 과장 중 성과가 우수하고 역량이 뛰어난 약 30%의 인재는 '과장 능력 개발 과정' 대상자로 선발된다. 이 과정을 수료하

면 대부분 차장으로 승진하며, 부장 레벨에서 팀장이 될 수 있는 자격이 주어진다.

3) 차장과 부장 중 최근 3개년 고과에서 상위 10% 이내에 들고, 인성과 전문성에 대한 엄격한 교육과 심사를 통과한 인재가 팀장이 된다. 이렇게 팀장이 된 우수 인재는 근속이나 연령이 비교적 낮기 때문에 영향력 있는 임원 한 명이 멘토로 배정되어 1년 가까이 조언과 멘토링을 제공한다. 팀장으로서 역할을 탁월하게 수행하고 성과를 창출하면, 타 사업부나 해외 전략 지역에서 근무하며 더 큰 성과를 낼 수 있도록 기회가 주어진다.

4) 통상 팀장이 된 후 4~5년이 지나야 임원 후보자가 되지만, 이들은 3년 이내에 예비 경영자 교육을 이수해 임원 후보자가 될 수 있도록 제도가 설계되어 있다. 임원 후보자는 통상 6~7개의 관문을 거치며, 외부 영입이 아닌 내부 발탁·승진을 통해 40대 초반에 임원이 될 수 있는 기회를 얻는다. 임원이 되면 2~3차례 전략 부서 경험을 하도록 배치되며, 이 과정에서 반드시 조직 관리 역량과 성과를 증명해야 한다.

5) 본부장 후보자로 선정되면 회사 주도로 유명 대학의 최고경영자 과정 등 외부 네트워크 기회를 제공받는다. 본부장 후보자 과정은 전략 중심의 의사결정 훈련으로, 외부 교수와 내부 부사장 이상이 참여하는 토론 중심 방식으로 운영된다. 매주 토요일 10주 동안 5명을 대상으로 실시되며, 이 과정을

통과해야 본부장이 될 수 있다. 본부장 중 일부는 CEO 후보자 과정에 참여하며, 이는 그룹 회장단 및 각사 CEO가 직접 운영하는 도전 과제 중심의 프로그램으로 설계된다.

임원 선발의 프로세스는 크게 5가지를 고려할 수 있다.
1) 특별한 경우를 제외하고는 팀장으로서 최근 3개년 고과 평균이 A 이상이어야 한다.
2) 매년 12월 팀장 리뷰를 실시해, 우수한 팀장은 임원 후보자로, 저성과 팀장은 보직 해임 대상으로 구분한다. 임원 후보자로 선정된 팀장만이 임원이 될 수 있다.
3) 임원 후보자에게는 외부 임원 과정 교육 기회, 중·장기 도전 과제, 최소한의 어학 역량 취득 과제가 주어진다.
4) CEO와의 1:1 미팅을 통해 심도 있는 1차 판단을 거친다.
5) 인사위원회를 구성하여 후보자의 도전 과제 발표와 질의응답을 진행하며, 인사 부서는 후보자의 리더십 진단과 정도경영 자료를 참고 자료로 제시한다.

| 임원인사 어떤 절차로 어떻게 진행할 것인가?

CEO가 급히 인사팀장을 불렀다. 김 팀장이 들어서자 CEO는 조직도를 펼치며 이대로 작성하되, 절대 보안을 유지하라고 지시했다.

그러나 CEO의 지시만 그대로 반영한다면 인사팀장은 전략적 파트너가 될 수 없다. 김 팀장은 CEO의 지시에 따른 조직도와 더불어 본인이 구상한 조직 설계안을 함께 제안했다. CEO는 이를 종합하여 최종 조직 설계를 확정하고, 기존 임원의 배치를 시작했다.

김 팀장은 퇴직 예정 임원, 이동이 필요한 임원, 승진 대상 임원, 그리고 빈자리를 맡을 적임 팀장에 대한 의견을 개진했다. CEO는 본부장의 의견을 종합하여 최종안을 마련하고, 인사위원회에서 최종 결정을 내리도록 지시했다.

많은 기업의 조직과 임원 인사는 사업본부장의 추천을 받아 CEO가 결정한다. 이때, 인사 부서가 이 업무를 주관하기도 하지만, 전략 부서에서 담당하는 회사도 많다. 조직과 사람에 대한 의사결정은 인사 본연의 역할이지만, 어느 순간 회사의 중요한 의사결정이 인사에서 전략이나 재무 부서로 바뀌게 되었다. 인사 부서의 전문성이 낮아 전사 관점의 업무 추진을 못 하기 때문이다. 조직과 임원 인사를 담당하지 못하는 인사 부서는 발령이나 내는 지원 부서로 전락하고 만다.

따라서 인사 부서는 CEO의 철학과 경영 방침을 조직과 임원 인사에 반영할 수 있는 길고 멀리 보는 인사이트(Insight)를 가져야 하며, 이를 위해 정교한 프로세스를 구축해야 한다.

조직과 임원 인사는 크게 4단계로 추진하는 것이 바람직하다.

1단계는 조직 설계이다. 가장 중요한 것은 사람을 배제한 환경의 변화, 조직 R&R, 경쟁사의 움직임, 조직의 최소 3년 후 모습을 고려하여 조직 설계를 해야 한다. 최근의 동향은 기능식 조직에서 탈피하여 최대한 유연하고 단순한 작은 조직을 선호한다. 조직의 통폐합은 물론 조직 간 R&R을 감안하여 성과 지향의 조직 설계를 하느냐가 관건이다. 인사가 회사 직무의 밸류 체인과 조직의 강·약점 및 전략과 현황을 꿰뚫고 있을 때 조직 설계는 가능하다.

2단계는 기존 임원의 배치이다. 임원의 적재적소 배치는 설계된 조직에 따른 사업본부장의 추천을 받은 임원의 검토부터 시작된다. 조직의 비전과 전략을 이끌고 갈 수 있는 임원 개개인의 역량, 조직 내 중요 포지션 관리자·경영자와의 적합성, 기존 성과 등을 고려하여 배치를 결정해야 한다. 임원 간의 협력과 경쟁이 이루어질 수 있는 임원 인사가 진행되도록 하기 위해서는 사업본부장의 임원 추천도 중요하지만, 인사 관점에서의 안을 가지고 있어야 한다. 이 단계에서 기존 임원의 승진, 이동과 퇴직이 이루어진다. 2단계에서 유의해야 할 점은 퇴직 임원에 대한 예우이다.

3단계는 신임 임원의 선정이다. 임원 인사가 12월 초에 이루어진다면, 이 작업은 3월부터 시작되어야 한다. 팀장 중에 핵심 인재를 중심으로 임원 후보자(후계자) 제도를 통해 선발되고 육성되며 심사 절차를 거쳐야 한다. 심사에 통과한 임원 후보자를 대상

으로 기존 임원의 배치가 끝난 후 빈 조직을 놓고 신임 임원 선정
을 한다. 그 조직에 적합한 신임 임원이 있으면 다행이지만, 조직
에 적합한 신임 임원이 없는 경우, 기존 임원의 이동, 외부 영입,
겸직 등을 고려할 수 있다. 3단계에서 유의할 점은 임원 선발에서
탈락한 팀장들에 대한 배려이다. 이들 팀장 중에서는 뛰어난 성과
와 역량을 가진 사람이 많기 때문에 동기부여가 매우 중요하다.

**4단계는 신임 임원 인사와 연계된 팀장 인사와 구성원 대한 홍
보 전략이다.** 팀장 인사까지 끝나면 조직, 임원 인사, 팀장 인사
에 대한 배경과 원칙 그리고 나아갈 방향과 과제, 가장 적합한 인
사였음을 알리는 홍보 전략이 필요하다. 또한, 구성원들의 VOC
를 모니터링할 필요가 있다.

임원은 좋은 인성을 바탕으로 높은 수준의 전문성을 갖고 전사
적 관점에서 조직을 이끌고 의사결정을 수행하여 회사의 성과를
이끌며 책임지는 사람이다. 인성, 전문성, 조직 장악력 중 어느
하나라도 부족하면 조직과 구성원은 성장할 수 없게 된다. 매우
중요한 역할을 수행하는 만큼 선정과 유지 관리에 더 많은 관심,
노력과 비용이 투자되어야 한다.

과거 전쟁에서 무능한 장수 한 명으로 나라를 잃듯이, 현재 기
업에서 자신의 역할을 못 하는 임원 한 명에 의해 회사가 망하게
된다. 조직과 임원 인사는 신중에 신중을 기해야만 한다.

05

이제는 팀장이다

| 갈수록 힘들어하는 팀장들

회사는 유지해서는 생존할 수가 없다. 부단히 이익을 창출하고 성장해야 한다. 이것을 모르는 직장인은 없다. 하지만, 젊은 직원들은 갈수록 받은 만큼만 일한다고 한다. 실제 매일 정시에 출근하고 퇴근하는 직원들을 보면, 이 말이 진담이 아닌가 착각에 빠지게 한다. 연봉만큼 일하면 회사는 어떻게 되겠는가?

오후 5시 반, 본부장의 급한 호출에 올라가 30분 넘는 지시로 기진맥진한 상태로 자리에 오니 아무도 없다. 내일 오전까지 초안을 만들어 보고해야 하는데, 퇴근한 담당자를 부를 수도 없고 자리에 앉아 A팀장은 한숨을 쉬며 초안 작업을 한다. 1주일에 이런 일이 두세 번 되면서 이제는 야근이 더 익숙하다. 팀원들에게 하나 둘 다 이야기하기도 뭐해 작업한 내용을 공유하고 직접 보고를 한다. 팀원들은 자신의 일을 대신하는 팀장이 그리 좋지만은 않다.

금요일 오후 전사 지역 봉사활동에 각 팀에서 2명씩 참석하라는 업무 연락을 받았다. 5명의 팀원 중 귀경하는 인원 3명을 제외하면 2명밖에 되지 않는다. 2명에게 의향을 물으니 모두 선약이 있다고 한다. 결국 팀장과 B부장이 참석하게 되었다. 회식도 참석하려고 하지 않는데, 몸만 고생하고 혜택은 없는 일에 참석하려는 팀원은 없다.

업무 분장 된 유지 업무에는 실수나 잘못이 있어서는 안 된다. 기본 업무이기 때문에 완벽하게 처리했을 것이라 생각했는데, 일의 과정을 살피면 허점투성이이다. 조금만 신경을 썼다면 발생하지 않았을 일들이 발생하여 고객 불만으로 이어진다. 고객만족 팀에서는 더 이상 참을 수 없다고 담당자를 징계위원회에 회부하겠다고 한다. 고객만족팀장을 만나 사정사정하여 무마시킨다. 잘못을 한 담당자는 퇴직하겠다는 말을 달고 다닌다. 몇 번의 주의를 줬지만, 크게 개선되지 않는다. 그냥 인복이다 생각하고 참을 수밖에 없다.

회사 평가 항목 중 다면 평가가 있다. 1명의 상사 평가가 50점, 5명의 부하 평가가 50점이다. 상사는 47점으로 비교적 높은 점수를 부여했는데, 5명의 팀원의 점수 합은 35점이다. 부하 점수로만 보면 32명의 팀장 중 중간수준이다. 팀원 개별 점수는 알 수가 없지만, 머리는 복잡하다.

아침에 갑자기 C대리가 전화로 휴가를 쓰겠다고 한다. 어디 아 프거나 일이 있냐고 물으니, 그냥 휴가 처리해 달라고 한다. 더 이상 대화는 의미 없기에 알았다고 했다. C대리가 할 일을 할 수 있는 다른 팀원은 없다. A팀장은 C대리의 전화를 받고, 일들을 처리한다. A팀장이 사원 시절에는 선배들이 업무에 대해 다 알고 있었으나, 팀제가 되며 팀원은 자신의 업무밖에 모른다. 아니 자 신의 업무만 한다. 옆 팀원이 무슨 업무 담당인가는 알지만, 무슨 일을 하는가에 관심이 없다.

A팀장은 오늘도 야근이다. 전화가 울린다. 6살 딸이 아빠 보고 싶다고 한다.

| 혜택은 없고 책임만 있다

팀장이란 자리는 팀 전체의 실무 책임자이며 의사 결정자이다. 팀이라는 조직의 방향과 전략을 세우고, 한 직무의 담당자가 아닌 관리자이다. 일 중심에서 조직 중심으로 보다 길고 멀리 보며 결 정을 내려야 한다. 내 일만 잘하면 된다는 생각에서 조직 전체를 한 방향 정렬시키고, 팀과 팀원의 육성과 성과를 견인해야 한다. 팀에서 발생하는 모든 일에 책임을 져야 한다. 팀장을 거쳐야 임 원이 될 수 있는 자리이기도 하다.

많은 회사의 팀장들은 공히 권한과 혜택은 거의 없고, 일과 책임만 많다는 불만이 높다. 중소기업 중에는 팀장이 되었다고 대기업에서 주는 팀장 수당을 주지 않는 곳도 많다. 그냥 팀의 대표자 수준이다. 경영층은 무슨 일만 있으면 팀장을 부른다. 수많은 회의, 지시에 참석하고 밤에 남아 일을 하는 팀장을 팀원들은 불쌍한 눈으로 바라본다.

컨설팅을 하며, 팀장들 인터뷰를 했다. 팀장들이 힘들어 한다는 것은 알고 있었지만, 상황은 생각보다 심각했다.

① 팀장들과 모처럼 저녁을 함께 할 때, "내가 너의 팀원으로 가면 안 될까?" 요청하니 바로 "아니, 내가 너희 팀원으로 갈게 받아줘라" 한다.

② 팀원으로 있겠다고 인사팀에 팀장 보직해임 해달라고 했더니, 팀장 추천을 해 달라고 한다.

③ 경영층에서는 팀장을 거쳐 임원이 될 수 있다고 하는데, 나는 임원이 되고 싶은 생각이 없다.

④ 무슨 일만 있으면 팀장이고, 여기 저기 회의와 호출이 너무 많다. 팀장이 동네북도 아닌데…

⑤ 여기서 팀장 하며 스트레스 받는 것보다 그냥 퇴직하고 싶다.

팀장들에 대한 실질적 육성과 동기부여 방안이 절실하다.

팀장은 조직 상 중간 역할을 수행하며, 실무 책임자이면서 의사 결정자이다. 팀장의 결정이 잘못되면 그 일의 성과는 불 보듯 뻔하다. 팀장의 판단과 결정, 솔선수범하는 자세가 회사의 경쟁력이며 모범이 되어야 한다.

팀장의 말 한마디에 팀원들이 일사분란하게 움직이던 시대가 아니다. 정시에 퇴근해야 하며, 자신의 일이 아니면 관심이 없는 팀원들과 함께 팀이 담당하지 않는 지시사항을 처리해야만 한다. 팀장의 헌신이 없으면 회사는 흔들릴 수밖에 없다.

경영층의 인식 전환이 중요하다. 팀장이 되었으면 알아서 해야지 하는 생각을 버려야 한다. 팀장에 대한 금전적, 비금전적 보상을 통해 동기부여 해야 한다.

금전적 보상으로는 팀장에 대한 급여체계 개선, 별도 상여금, 팀장 수당의 지급 등이다.

더 중요한 것은 비금전적 보상이다. 팀장에 대한 인정과 칭찬 문화가 시급하게 개선되어야 한다. CEO의 팀장과의 대화, 본부 간 만남, 팀장 세미나와 정보 공유 토론회, 인사와 재무에서의 권한 확대 등 다양한 동기부여 방안이 모색되어야 한다.

물론 저 역량, 저 성과 팀장이면서 조직과 구성원에게 피해를 주는 팀장은 보직 해임하여 엄하게 가져가야 한다. 팀장 인선은 아무나 되는 것이 아닌 엄격한 절차를 거쳐 누구나 인정하는 사람이 될 수 있도록 해야 한다. 소중한 사람이라면 더 소중하게 유지 관리해야 한다.

경쟁력 수준별 핵심인재 관리

| CEO의 갑작스러운 지시

핵심인재 제도의 수립은 HR부서의 자발적 의지로 추진되는 경우는 그다지 많지 않다. 어느 날 갑자기 호출되어 지시를 받는 경우가 대부분이다. HR팀을 담당하는 A팀장에게 CEO가 전화하여 오라고 한다. A팀장은 팀원들에게 무슨 일 있는지 물었지만 다들 찾을만한 일이 없다고 한다. 급히 업무용 수첩을 들고 담당 임원에게 CEO가 찾는다고 보고하고 대표실에 갔다. CEO는 A팀장이 앉자마자 "우리 회사에 핵심인재 제도가 있느냐?"를 묻는다. A팀장이 준비가 필요한 시점이 되었다고 말하니 1달 안에 안을 만들어 보고하라고 한다.

사안이 회사에 미칠 영향이 크고 사무실에서 논의하면 결론이 나지 않을 듯해 팀원들과 1박 2일 강원도 연수원으로 워크아웃을 떠났다. 출발에 앞서 팀원들은 각자 10분씩 발표할 자료를 작성하기 위해 타사의 핵심인재 운영 제도와 여러 문헌을 검색하였다.

연수원에 도착해 간단하게 짐을 정리하고 곧바로 발표를 진행하였다. 10시 반이 되어 5명의 팀원들이 발표가 끝났지만, 회사에 맞는 핵심인재를 어떻게 가져가야 하는지 감을 잡을 수 없었다. A팀장은 4개의 주제를 제시하고 점심식사 후 3시까지 각자 시간을 갖고, 3시부터 4개 주제에 대해 입사순서대로 30분 발표를 준비하라고 하고 회의를 마쳤다.

1) 우리 회사에 맞는 핵심인재의 정의는 무엇인가?
2) 정의에 따른 핵심인재의 선정 기준과 절차를 어떻게 할 것인가?
3) 핵심인재에 대한 금전적·비금전적 보상을 어떻게 가져갈 것인가?
4) 핵심인재 제도의 성공 비결은 무엇인가?

| 핵심인재는 회사의 경쟁력에 따라 그 대상과 내용이 달라진다

A팀장은 회사의 핵심인재에 대한 정의를 '핵심직무의 전문성을 갖춘 경영자가 될 수 있는 인재'라고 정했다. 회사가 지속성장하기 위해 없어서는 안 될 경쟁력 있는 직무 10개와 이 직무에 종사하는 팀장 이하의 핵심인재 풀을 선정하였다. 레벨에 따라 금전적 보상으로 '핵심인재 인센티브'제도를 만들어 수준에 따른 보상 차

등을 가져갔다. 비금전적 보상으로 인사 제도(승진, 육성, 평가 등)와
의 연계 방안을 마련했다. 제도의 정착을 위해 경영회의에 안건을
발표하고 CEO와 본부장의 참여를 유도하기로 했다.

　A팀장의 발표가 있은 후, 경영회의에서 수많은 질문과 토론이
이어졌다. 토론의 안건 중 가장 치열했던 것은 핵심직무 10개에
대해 선정이었다. 특히, 핵심직무가 하나도 없는 본부장은 불쾌
한 감정을 노골적으로 표현했다. A팀장은 전사의 안이 아닌 HR
의 의견일 뿐이며, 이 자리에서 회사의 현재뿐 아니라 미래를 생
각하며 핵심직무를 재선정해야 한다고 강조했다. CEO가 옳은 생
각이라며 최소 10년을 생각하며 지금 경쟁력을 강화해 나갈 없어
서는 안 될 직무, 지금은 없거나 미약하지만 미래를 위해 경쟁력
을 확보해야 하는 직무를 각자 정해 내일 다시 이 시간에 회의를
하자고 결정하였다. A팀장은 핵심직무에 따른 내부 핵심인재에
대한 선정과 영입한다면 외부 핵심인재의 스펙을 정해달라고 요
청하였다.

　현재 보유하고 있는 내부 핵심직무와 핵심인재는 비교적 쉽게
진행되었으나, 확보해야 할 핵심직무와 핵심인재의 스펙은 의견
이 분분하였다. CEO는 ①전략과 HR부서가 이 안에 대해서는 협
업을 하여 보고하라고 하였다. ②핵심인재에 대한 보상 이슈는 재
무와 HR부서가 안을 만들어 보고하라. ③본부장들은 회사의 존

속을 위해 이기를 버리고 전사적 차원에서 참여하라고 지시를 내렸다. ④ 지금 회사는 국내에서는 1위 기업이지만, 세계 수준에서 보면 업계 100위에 들지 못하므로, 이 제도를 통해 10년 안에 10위권에 들 수 있도록 내부가 아닌 외부 관점에서 핵심직무와 핵심인재가 선정되도록 전략부서와 함께 HR부서가 수행하라고 강조했다.

| 회사 경쟁력에 따른 핵심인재의 전략적 운영

회사의 경쟁력이 Catch-up 단계라면, 내부 육성보다는 외부 영입의 전략을 가져가야 한다. 핵심인재의 초점은 앞선 회사 실무 전문가의 선진 기술과 경험을 확보하는 전략이 되어야 한다. 내부적으로는 핵심인재 후보군을 만들어 영입된 핵심인재와 함께 협업을 하여 내부 자산화 하는 것이 관건이다. 핵심인재에 대한 보상은 외부 영입에 따른 금전적 보상 시스템이 가장 중요하며, 입사 후에는 이들에 대한 온보딩 시스템이 치밀하게 작동되어야 한다.

회사의 경쟁력이 Competition 단계라면, 핵심인재의 초점은 내부 육성과 글로벌 회사의 실무 전문가와 비즈니스 리더의 영입이 동시에 이루어져야 한다. 내부 핵심인재에 대한 지속적 육성과 동기부여를 통해 로열티와 성공 기반을 공고히 해야 한다. 내부 핵심인재에 의한 프로젝트가 추진되고 성공 사례가 발표되어 그 수준을 높여 가야 한다. 내부로 어렵거나 더 강화해야 할 분야에 대한 외부 핵심인재의 수준도 높아져야 한다. 글로벌 회사의 우수 인재 이상의 인력이 영입되고, 이들이 담당하는 프로젝트도 전문성을 요하는 메가 프로젝트가 되어야 한다. 일을 통한 성취감이 느껴질 수 있도록 도전적이어야 한다. 이에 따른 보상도 시장가치와 성과를 반영한 글로벌 수준이 되어야 한다. 특히 내부 핵심인재의 경우, 금전적 보상도 중요하지만 발탁 승진에 따른 경영자 또는 경영자에 준하는 전문임원이 되도록 해야 한다.

회사의 경쟁력이 Global Leader단계라면, 핵심인재의 초점은 글로벌 신규 비즈니스 발굴과 차세대 핵심인재 발굴로 전략을 가져가야 한다. 이미 내부 인력이 글로벌 인재인 만큼 이들의 유출에 관심을 갖고 관리를 해야 하며, 차세대 핵심인재 군을 만들어 철저하게 유지 관리해야 한다. 신사업과 신제품에 대한 글로벌 영입을 추진하되, 내부 동화에 주력하기보다는 그들의 독특성과 창의성을 인정하고 발휘할 수 있는 장을 펼치게 하는 것이 바람직하다. 내부 인력에 대해서는 전략적 경력개발을 통해 전사 관점의 시야를 갖는 경영자를 조기에 선발하여 육성하는 방안이 효과적이다. 보상은 성과에 따른 맞춤형 프로그램을 가져가며, 비금전적 보상으로 인정과 칭찬, 개별 프로젝트의 선정과 지원이 활성화되어야 한다.

07

건전한 조직을 위한 저성과자 관리방안

| 저성과자의 정의와 관리의 원칙

ATD에서 저성과자 관리 방안에 대한 강의를 요청받았다. 저성과자 관리방안은 어느 기업이나 계륵과 같은 주제이다. 적극적으로 조치하고 싶지만, 기업 이미지와 조직 및 구성원에게 미치는 부정적 영향 때문에 신중할 수밖에 없다. 그렇다고 방관할 수는 없는 사안이다. 현재 많은 기업은 저성과자에 대한 관리는 소속 부서장에게 맡기고 있는 형편이다.

모든 직원들이 자신의 일에 대한 자부심을 갖고 성과를 내기 위해 열정을 다한다면 문제가 없다.

자신의 역할을 하지 못하고 조직에 피해를 주는 저성과자가 한 명 있으면,

첫째, 그의 이기심과 무책임한 행동으로 팀워크가 무너진다. 아무리 선하고 열심히 하는 직원들이 많아도, 한 명의 저성과자가 분위기를 망치고 바람직하지 못하게 문화를 이끈다면 팀워크는

금방 와해된다.

둘째, 품성과 역량이 떨어지는 10명의 직원의 성과는 1명의 뛰어난 직원의 성과보다 못하다. 오히려 잘못된 것을 수정하느라 더 힘들게 만드는 경향이 있다.

셋째, 기업의 비전과 전략 그리고 핵심가치가 저성과자 한 명으로 인하여 완전히 엉뚱한 방향으로 갈 수도 있다. 명확한 비전과 전략, 핵심가치를 정해 모두가 한 마음이 되어 한 방향으로 가도 부족한데, 한 명이 무임승차 내지는 피해를 주면서도 똑같은 보상과 혜택을 받는다면 '나만 왜 이런 고생을 해'하는 마음이 전파되어 결국 모든 이가 올바른 방향, 성과를 내기보다는 안정과 편안함을 추구하게 된다.

넷째, 저성과자를 데리고 있는 조직장의 관리 부담이다. 조직장은 핵심인재에게 더 많은 관심과 지원으로 보다 높은 성과를 창출해야 한다. 하지만, 저성과자가 사고 친 것을 처리하면 힘드니까 이들에게 더 많은 시간과 노력을 쏟게 되고, 조직 전체의 성과는 뚝 떨어지게 된다. 조직장이 교육하기 위해 많은 시간과 에너지를 허비해 이들이 변화가 된다면 다행이지만, 품성과 역량은 한순간에 변화되지 않는다. 결국 저성과자에게 시간을 쏟는 것은 다른 직원들의 시간을 뺏는 것과 같은 상황이 된다.

다섯째, 가장 두려운 점은 저성과자들의 생각과 행동이 전염된다는 것이다.

사실, 모든 기업이 저성과자를 퇴직시키고 싶어 한다. 하지만, 우리나라의 노동 유연성은 그리 높지 않다. 권고사직 당한 직원들이 자신들은 아무 잘못을 하지 않았는데, 회사가 일방적으로 퇴직 조치했다고 법정 소송을 가면, 대부분 회사가 질 수밖에 없는 구조이다. 적극적인 저성과자 관리를 하면 조직과 구성원의 사기저하와 집단 반발 등 부정적 영향이 크다.

그렇다고 언제까지나 다람쥐 쳇바퀴 도는 것처럼 악순환이 지속되게 할 수는 없다.

악순환의 고리를 끊고 성과를 내기 위해서는 저성과자에 대한 특단의 조치를 취해야 한다.

저성과자 관리를 위해서는 5가지 핵심 이슈에 대한 명확한 이해와 절차를 경영층과 부서장이 숙지하고 있어야 한다.

첫째, 저성과자의 정의와 기준이다. 여기서 가장 중요한 점은 저성과자가 조직과 구성원에게 주는 피해이다. 낮은 수준의 역량과 성과를 보여주며, 조직과 구성원에게 피해를 주는 사람을 저성과자로 정의하고 기준을 삼아야 한다.

둘째, 저성과자의 유지 방안이다. 법적 논쟁에서 조금이나마 유리하려면, 회사가 해고 회피 노력을 얼마나 했는가를 증명해야 한다. 저성과자에 대한 면담, 교육, 직무와 부서 변경 등의 노력으로 유지하고자 하는 마음이 전해져 개선되는 것이 가장 중요하다.

셋째, 회사의 많은 노력에도 개선 내지는 변화되길 거부하고 계

속 피해를 주는 직원은 **정리해야 한다.** 어떻게 정리할 것인가 신중해야 한다. 기록 관리가 없다면 회사가 법정에서 이기기는 어렵다.

넷째, 저성과자에 대한 인사제도의 정비이다. 평가, 보상, 승진, 교육, 이동 등에 저성과자들은 머물면 머물수록 불이익이 커짐을 알게 해야 한다.

다섯째, 희망퇴직, 권고사직 등의 조치 후, 법적 논쟁으로 갔을 때의 대비와 조직과 구성원의 변화 관리이다. 기업의 해고 회피 노력이 기록으로 정리되어 있어야 한다. 보다 바람직한 모습과 방안으로 한 방향 정렬을 할 수 있도록 안을 만들고 내재화 하는 노력을 해야 한다.

| 저성과자 관리방안

저성과자 관리는 한두 달에 끝나지 않는다. 적어도 2년 정도 회사가 관심과 진정성을 갖고 해고 회피노력과 성장시키는 노력을 보여야 한다. 통상 저성과자에 대한 일반적인 조치 방안은 다음과 같다.

① 저성과자에 대한 일정 기간(6개월~1년)동안 집중 육성 기간을 정해 역량 또는 새로운 직무에 대한 도전을 하게 하는 것이다.

② 주별 또는 월별 점검을 통해 한 일과 할 일을 지도해 주고, 조직의 유능한 사람에게 멘토링을 통해 일하는 방식을 배울

수 있도록 제도적 장치를 해 줘야 한다.

③ 부가가치가 다소 낮은 직무를 부여하여 그 직무에서 작은 성
공을 맛보게 하고 점차 수준을 높여 가는 방안도 좋은 방법
이다.

④ 품성과 잠재 역량이 있지만, 성과가 낮은 경우에는 본인의
희망을 감안하여 새로운 직무를 부여하는 것도 한 방법이다.

⑤ 매주 부서장은 관심과 진정성을 갖고 저성과자와 면담을 하
며 일의 점검과 올바른 마음가짐을 갖고 제 몫을 하도록 이
끌어줘야 한다. 물론 이 내용은 전부 기록해야 한다.

⑥ 회사에서 이러한 여러 조치를 취했음에도 개선의 마음과 자
세가 없고, 지속적으로 조직과 직원들에게 피해를 끼친다면
명예퇴직금과 함께 퇴출시키는 것이 가장 바람직한 방법이다.

리더는 저성과자 관리를 할 때, 이들도 가정에서는 존경받는 부모,
사랑받는 소중한 자식임을 알고 최대한 기회를 주어야 한다. 반면,
아닐 때에는 냉정하게 조치하는 것이 리더이다.

08

팀원 면담 시, 절대 해서는 안 되는 말

| A팀장의 면담

문제가 없는 사람은 그리 많지 않다. 자신의 문제 때문에 힘들어 하기도 하지만, 문제를 가지고 있는 사람 때문에 주변 사람이 힘들어 하기도 한다. 많은 사람들이 문제를 인식하고, 그 해결하는 방법은 차이가 있다. 누구는 혼자 술을 마시기도 하고, 격렬한 운동, 친한 사람과 대화, 여행, 시간이 해결해 준다는 심정으로 잊으려 하는 등 다양한 방법으로 힘든 상황을 해결한다.

A팀장의 문제는 말이 많다. 회사 내에서 쓸데없는 말을 해 갈등을 야기한 적이 많기 때문에 상사로부터 주의를 받고 한번은 크게 질책을 받은 적도 있다. 본인이 주의한다고 하지만, 그 성격이 어디 가겠는가? A팀장은 매달 팀원들과 개별 면담을 하고 있다. 8명의 팀원을 면담하며 대 원칙은 업적과 역량에 대해서만 이야기하고 주로 경청하겠다는 생각을 했다. 최대한 객관적으로 면담을 한다고 생각했지만, 특별히 친한 마당발인 S과장에게는 면담 시

간을 활용하여 회사의 다양한 이슈에 대한 이야기를 듣고 묻기도
한다. 면담을 하면서 A팀장은 S과장에게 자신의 힘든 점도 이야
기하고, 팀원들에 대한 자신의 생각을 묻기도 한다. B대리가 요즘
업무에 집중하지 못하는 것 같은데 아는 것 있느냐? C부장이 팀에
부정적 영향을 주는 것 아니냐? 왜 다른 팀원은 S과장처럼 팀에
대한 헌신이 부족하냐? 등등 궁금했던 점에 대해 많은 말을 한다.
물론 월별 업적과 역량에 대한 점검과 피드백은 다른 팀원과 마찬
가지로 진행한다.

월별 면담이 진행될수록 팀워크가 강화되고 팀 성과에 긍정적
효과가 나타나야 한다. 하지만, 팀원들이 갈수록 팀장과의 대화
를 피하려 하고, 자신의 업적과 역량에 대한 실적과 계획에 대해
수동적 대답만 한다. 팀원 간의 대화가 현저하게 줄고, 공식 모임
에서 발언을 자제한다. 회식을 한다고 해도 다들 부담스러워한다.
면담에서 그 이유를 묻지만 아무도 이야기를 하지 않는다. 그럴수
록 A팀장은 S과장에 이어 H대리에게도 팀원에 대한 많은 질문과
말을 한다.

회사에서 실시한 조직장에 대한 다면 진단에서 A팀장은 85명
의 팀장 중 80등으로 최하위이다. A팀장은 억울하다. 자신은 다
른 팀장들이 하지 않는 매월 면담을 하고 있는 등 열심히 한다고
했는데, 진단 결과를 수용할 수 없었다. 왜 이런 일이 발생한다고
생각하는가?

| 팀원 면담 시, 해서는 안 되는 이야기가 있다

주 또는 월별 실시하는 팀장과의 개별 면담을 좋아하는 팀원은 많지 않다. 뭔가 점검을 받는 느낌이다. 면담의 주도권이 본인이 아닌 팀장이며, 일방적으로 질문에 대답하고 잔소리를 듣는 자리이다. 도움 되는 말도 없고, 면담이 끝나면 이런 면담 왜 하며, 안 했으면 하는 생각이 강하다.

면담을 진행하는 목적과 방법이 명확하고 효과적이지 않기 때문이다. 어떻게 면담을 해야 하는가? 굳이 설명할 필요가 없을 만큼 그 목적이나 방법은 다들 알고 있다. 하지만, 이를 실천하지 않기 때문에 면담무용론을 부르짖는다.

면담은 최소한 월 1회, 별도 장소에서 개별적으로 진행되어야 한다.

면담에서의 대화는 업적, 역량, 잘한 일, 애로사항이 중심이 되어야 한다.

면담에서 팀원이 많은 말을 하게하고, 팀장은 핵심을 간결하고 명확하게 질문하면 된다.

마지막 3~5분 정도의 시간에 팀장은 개별 팀원에게 한 달 한 일에 대한 감사, 차월 중점 과제, 한 달간 관심 갖고 지켜본 것에 대한 피드백을 해주면 된다.

팀장이 면담을 할 때, 많은 유의사항이 있다. 첫 대화, 사전 준비, 면담 분위기, 점검 및 피드백 내용, 질문과 답변의 시간과 내용 등 면담이 상호 유익하고 신뢰를 쌓는 계기가 되도록 해야 한다. 팀장은 면담을 통해 팀원을 육성하는 좋은 수단이 되어야 한다.

면담을 하면서 팀장이 특히 유념해야 할 점이 있다. 바로 비교 갈등이다.

팀장은 면담하고 있는 팀원에 대해서만 이야기를 해야 한다. 타 팀원의 잘못하거나 잘하는 점을 면담하는 팀원에게 묻거나 듣게 해서는 곤란하다. "S과장이 우리 팀에 없으면 큰일이야. 다른 팀 원들은 고민이 없어, S과장의 반만 따라가면 좋겠다." 등 칭찬도 비교가 되어서는 곤란하다. 면담하는 팀원이 했던 생각과 일에 대한 객관적이고 사실 중심의 인정과 칭찬, 질책이 되어야 한다.

직장 생활을 하면서 모든 조직장들이 알아야 할 교훈이 있다. **'아무리 직원과 친하다 하더라도, 조직장이 직원과 친한 것보다, 직원과 직원이 더 가깝고 친하다.'**는 사실이다. 무심코 던진 돌 하나에 연못의 개구리가 머리에 맞아 죽듯, 생각 없이 던진 타인에 대한 말이 듣는 직원과 대상이 되는 직원 모두에게 갈등이 되고 심한 경우 상처가 되기도 한다.

09

후임자와 관련된 5가지 고민

| 후임자와 관련한 5가지 질문

조직장의 역할 중 '인재 육성'이 있다.

강의 때마다 조직장이라면 육성의 1순위는 자신이 맡고 있는 조직이라고 한다. 조직을 강화하고 확대하는 것을 가장 중요한 목표로 삼아야 한다. 가장 먼저, 조직을 팀워크를 강화하고 한 방향 정렬해야 한다. 나아가 팀은 본부, 본부는 회사로 조직을 확대해야 한다고 강조한다.

그리고 후임자를 조기에 선발하여 자신의 어깨 위에서 더 멀리 길게 보도록 육성하라고 한다.

후임자와 관련하여 조직장이라면 다 중요하다고 생각한다. 하지만, 체계적이고 지속적으로 후임자를 선발하여 육성하는 조직장은 그렇게 많지 않다. 후임자와 관련하여 조직장이 반드시 알아야 할 사항은 무엇일까?

첫째, 후임자의 선정 기준은 무엇인가?

후임자는 어느 날 갑자기 하늘에서 뚝 떨어지지 않는다.

일정 기간 선임자와 함께 근무하면서, 업적과 역량을 인정받은 사람이 조직장이 되면 어느 정도 조직의 안정성은 확보된다. 대부분 회사에서 직책자 선정 시 업적과 전문성을 중심으로 선발한다고 생각한다. 업적과 직무 전문성은 기본이다. 많은 CEO와 인사부서는 그 조직에 가서 한 방향 정렬을 통한 팀워크를 강화하고, 성과를 낼 수 있는 사람이 누구인가 보며 선정을 하게 된다.

둘째, 어떻게 강하게 육성할 것인가?

육성의 비결은 2가지가 매우 중요하다. ①직책자로서 갖춰야 할 마음가짐과 역할에 대한 육성, ②일을 통한 육성이다. 직책자 후보를 미리 선정하여 이들에게 집합 교육과 멘토링을 통해 직책자의 역할 인지 및 자세에 대해 주지시키고 평가를 해야 한다. 올바른 가치관과 전사적 관점을 가지고 있지 않은 조직장이 조직과 직원에게 미치는 부정적 영향은 생각 이상으로 치명적이다. 직책자는 선정한 후임자에게 직책자의 역할을 명확하게 알려줘야 한다. 어떤 마음가짐, 해야 할 일이 무엇이며, 무엇을 잘 해야 하는가 알려주고, 스스로 열정을 다하도록 동기부여 등 소통을 해야 한다.

다음은 일을 통한 도전 과제 수행이다. 직책자는 후임자에게 회사에 영향을 줄 수 있는 중요하고 난이도 있는 과제를 선정하고 해낼 수 있도록 지원해야 한다. 도전 과제를 수행하면서 직무

매뉴얼 작성, 직무 지식 공유 등, 일을 통한 업적으로 이끌어야 한다.

셋째, 육성한 후임자가 선발되도록 어떤 노력을 할 것인가?

상사가 혼자만 결정하고 잘한다고 후임자가 직책자로 선임되지 않는다. 결정의 영향을 주는 직속 상사, 주변 임원, 주관 부서와 부단히 소통해야 한다. 후임자의 인성, 업적, 열정, 일하는 방식에 대해 인정하도록 해야 한다. 작은 성공 사례인 업적, 핵심가치 실천 등을 만들어 차기 직책자로 각인되도록 한다. 자신이 선정한 후임자가 선정되도록 평소에 관리를 해야 한다.

넷째, 후임자가 내 자리에 왔을 때, 자신의 가장 바람직한 모습은 무엇인가?

직책자 중에는 자신의 자리를 더 보전하기 위해 후임자가 될 대상의 싹을 자르거나 밟아 버리는 사람이 있다. 회사 입장에서는 이런 직책자는 가장 먼저 보직 해임하거나 퇴출할 1순위이다.

후임자가 직책자로 선정되었을 때, 선임자 역시 승진하여 후임 직책자의 상사가 되는 것이 가장 바람직하다. 선임자가 더 이상의 보직을 받지 못하고 퇴직하게 되더라도 인정과 존경받는 모습으로 후임자에게 간직되어야 한다.

결국 모든 결정권이 있는 후임자의 판단과 실행이다. 선임자가 떠난 후 선임자가 했던 모든 공적과 추진했던 목적, 전략, 중점 과제를 전부 무시한다면 누구의 잘못인가?

많은 사람들이 후임자에게 배신당했다고 한다. 그렇다면 선임 자로서 잘못을 없을까?

다섯째, 후임자가 선임 후 잘못된 전략과 방안을 추진하면 어떻게 할 것인가?

새로 임명된 직책자가 잘못된 의사결정을 하거나, 개인 이익만 추구한다면 어떻게 할 것인가?

조직과 구성원 입에서 선임자의 반의반만 닮았으면 좋겠다는 말이 나오면 곤란하다.

선임자가 새 직책자의 상사로 근무한다면, 조금은 쉽게 조치할 수 있을 것이다. 하지만, 선임자가 회사를 떠났거나, 타 부서로 이동했다면 개인적 피드백은 쉽지 않다. 회사 차원의 시스템이 중요하다. 1년에 한 번, 반드시 모든 직책자들에 대한 엄격한 진단과 평가가 있어야 한다.

| 결국 모든 직책자도 언젠가 선임자가 되어 떠나게 된다

우리가 잊어서는 안 되는 교훈이 있다.

아무리 뛰어난 직책자도 언젠가는 선임자가 되어 자리를 비워 주게 되어 있다.

흐르는 물은 어느 지점에 찰나의 순간 머물고 지난다. 긴 시간을 놓고 보면, 영원히 그 자리에 머무는 직책자는 없다. 후임자에 의해 어느 순간 선임자가 되어 떠나게 된다.

무엇을 남기고 어떤 모습으로 기억될 것인가?

후임자의 조기 선발과 강한 육성 매우 중요하다. 이 못지않게 중요한 것은 후임자가 오기 전 자신이 가야 할 길을 정해 철저한 준비를 하는 것이 현명하지 않을까?

10

무엇이 팀원을 머물게 하는가?

| 퇴직 면담

A사원이 어두운 표정을 지으며 할 말이 있다고 한다. 말하라고 하니까 회의실에서 면담을 요청한다. 불안한 마음으로 회의실로 갔다. 역시 퇴직하겠다고 한다. 이유는 자기계발을 위해 공부를 더 하겠다고 한다. 다른 회사로 가는 것이냐 물으니 아니라고 한다. 팀원이 퇴직하는 것을 좋아하는 팀장은 없다.

여러 복잡한 생각이 든다. 함께 생활한 기간 동안 잘해준 것보다 뭔가 힘들게 했거나 실망한 부분을 더 생각하게 한다. 혹시 근무하면서 부족했던 점이나 힘들었던 점이 있으면 말해달라고 요청했다. A사원은 없다고 한다. 언제까지 근무할 수 있냐고 하니 가능하면 빨리 퇴직하면 좋겠다고 한다. 회사의 규정은 1달 전 공지이다. 팀장은 인사팀에 요청해 후임자를 빨리 선정하고, 인수인계를 하고 퇴직하면 좋겠다고 하고, 마지막까지 변함없이 일을 해 주길 부탁했다.

‘대 퇴직 시대’라고 한다. 퇴직하는 직원 입장에서는 여러 사유가 있다. 1980년대 이전 직장생활은 거의 평생직장이었다. 퇴직을 한다는 것은 정년퇴직과 회사의 일방적 해고 통지가 대부분이었다. 중간에 다른 회사로 이직하는 것은 쉽지 않았다. 정보를 얻기도 어려웠고, 받아 주는 회사나 떠나는 회사 모두 부정적 시각이 강했다. 오죽했으면 회사를 퇴직하게 되었을까 하는 분위기였다.

시대가 바뀌어 ‘한 직장에서 5년 이상 근무하면 자신의 가치가 떨어진다며 퇴직을 통해 자신의 가치를 올려야 한다.’고 한다. 5년 정도 일하면 더 이상 배울 것도 없고, 그 회사 분위기에 젖어 매너리즘에 빠지게 된다고 한다. 이 상태가 되면 연봉은 정해진 임금 인상률 수준이다. 하는 일도 익숙해 더 이상 성장 가능성도 없고, 선배들의 모습을 보면 목표와 열정이 없다. 연봉의 획기적 상승은 기대할 수 없고, 주변에서 역량 있고 성과가 높았던 선배와 동기들이 좋은 회사, 높은 연봉으로 옮겼다는 이야기가 들린다. 나도 기회가 된다면 이직하겠다는 생각이 강해진다.

| 왜 이직을 하는가?

이직하는 직원에게 이직사유를 물으면 구체적으로 답변하지 않는다. 퇴직하는 마당에 남은 조직과 직원들에게 나쁜 영향을 주고 싶지 않기도 하지만, 굳이 자신이 부정적 이야기를 하고 싶지도

177　　　　　　　　　　　　　　　　　　　

않다. 그냥 회사, 상사와 선배, 여러 복지 제도, 회사 환경과 분위기 등 다 좋았지만, 다른 것을 하고 싶어 퇴직을 결심했다는 수준으로 말한다. 하지만, 퇴직을 한 후, 블라인드 또는 제 3자에게 말하는 퇴직 사유는 보다 구체적이다.

이직하는 직원들의 퇴직 사유는 무엇일까?

첫째, 일 그 자체이다. 입사 1~2년차 사원의 경우에는 자신이 생각한 일의 가치와 하고 있는 일의 가치 차이가 크기 때문에 실망해서 이직을 결정하는 경우가 있다. 학교에서 생각한 일은 무엇인가 큰 프로젝트를 맡아 도전하며 성취하는 수준의 일이었는데, 막상 하고 있는 일의 가치는 일상적 반복되는 가치가 낮은 업무이다. 이런 일을 하려고 대학을 졸업했나 하는 생각이 든다.

다른 하나는 일에 치이는 경우이다. 소위 말하는 워라밸이다. 해야 할 일이 많아 매일 야근하고, 주말에도 출근해야 하는데, 주 52시간 근무 규정 때문에 무슨 죄 지은 사람처럼 눈치까지 봐야 한다. 집에서는 아이들이 함께 놀아달라고 하는데, 일은 계속 쌓이고 있다.

둘째, 성장이다. 입사 전 가졌던 모습, 목표는 하고 싶은 일에 있어서 전문가이다. 자신이 하는 일에 대한 근본 원인을 파악하여 개선하고, 강의하고, 진단과 컨설팅을 할 수 있는 수준으로 도전하고 싶었다. 하지만, 하고 있는 일의 수준은 너무나 차이가 크다.

더 이상 배울 것도 없고, 상사와 선배를 보니 언제 책을 읽고, 외부 전문가들을 만나는가 한심해 보인다. 이곳에 있으면 큰 일 나겠다는 생각이 든다. 팀장에게 야간 대학원 가겠다고 하니, "거기 나와 뭐 하려고?" 한다.

셋째, 연봉과 복리후생이다. 사람은 항상 자신보다 나은 사람과 비교한다. 대학 동기들이 받는 연봉과 복리후생, 자신보다 좋은 회사의 연봉과 복리후생을 기준으로 자신의 연봉과 복리후생을 비교한다. 자신의 역량은 높은데 비해, 회사의 연봉과 복리후생 수준이 낮다고 생각한다. 각종 이직 관련 정보를 보면, 내 역량이라면 연봉과 복리후생이 좋은 회사로 옮길 수 있다는 생각이 든다. 이직 정보를 검색하고 지원할 수 있는 방법도 너무나 많고 쉽다. 연봉과 복리후생이 좋은 회사에 지원을 하게 된다.

기타 회사의 성장 가능성, 인간관계, 조직 문화, 업무 프로세스, 회사 위치 등 여러 요인이 있다. 어느 직장이나 불만 요인이 있고 이직 사유가 있다. 중요한 점은 직원들이 목표와 열정으로 성과를 내고, 회사가 지속 성장하도록 어떻게 해야 하는 가이다.

| 팀원을 머물게 하는 방안

왜 이 직장에서 근무하는가 물으면 무엇이라고 답할 것인가? 퇴직 원인의 반대가 머무는 이유일 것이다. 일하는 것이 즐겁다. 일에 대한 자부심과 성장한다는 것을 느끼게 한다. 회사의 연봉이나 복리후생이 좋다. 상사가 인간적이고 높은 전문성을 보유해 배울 점이 많다. 선배와 동료들이 마음이 따뜻하고 편안하다. 회사가 직원들은 위해 준다는 생각이 든다. 등등이 머무는 이유이다.

어떻게 장기 근무를 하며 성과를 내도록 할 것인가?

첫째, 가장 중요한 것은 회사의 지속 성장이다. 회사가 중장기 비전을 갖고, 성장과 이익을 내는 사업구조와 전략이 명확해야 한다. 성장하고 있고, 성장 가능성이 높은 튼튼한 회사가 1순위 아닐까? CEO와 경영진의 역량이다.

둘째, 조직장의 리더십이다. 조직장이 자신이 해야 할 역할을 분명히 알고 조직과 직원을 성장시키는데 있다. 좋은 조직장도 좋지만, 조직과 직원을 성장시키는 조직장이 되어야 한다. 개개인에게 관심을 갖고, 그들이 추구하는 목표에 직간접적인 도움을 주는 것이다. 도전과제를 부여하고 점검과 피드백으로 달성하게 하고 성취감을 심어주며 자부심을 느끼게 한다. 더 높은 도전을 하고 일을 통해 배우게 한다. 관계 관리의 중요성을 알고 실천하게 하는 조직장이 되어야 한다.

셋째, 회사의 제도와 인프라이다. 일의 생산성을 높이기 위해서는 열정만으로는 한계가 있다. 머무는 곳에서의 편안함과 직원들을 위해주고 있다는 안정감이 토대가 되어야 한다. 회사의 근무 환경, 제도와 인프라가 직원들에게 만족과 자부심을 느끼게 해야 한다. 국내외 출장을 가는데, 일당은 없고, 식사는 매끼 1만 원 내에서 반드시 증빙자료가 있어야 하며, 교통비는 대중교통만 가능하다면 누가 출장을 가려고 하겠는가? 회사를 위한 복리후생이 아닌 진정 직원을 위한 복리후생이 되어야 한다.

넷째, 열린 소통이다. 심리적 안정감이 중요하다. 회사 생활을 하면서, 규정에 어긋나지 않는 자신이 하는 언행으로 자신이 피해를 보면 곤란하다. 회의 시, 좋은 아이디어를 냈다고 당장 하라는 지시가 떨어지고, 개선 의견을 냈는데 상사와 생각이 다르다고 질책을 받는다면 누가 이야기를 하겠는가? 회사 내 열린 소통이 이루어져야 한다.

11

대인관계의 '나만의 원칙'이 있다면 무엇인가?

| 누가 승진하는가?

A회사의 팀장 인사는 매우 엄격하고 체계적이다. 먼저 년 초에 팀장 후보자로 선정되어야 한다. 팀장 후보자가 아닌데, 연말에 팀장이 된 직원은 없다. 팀장 후보자는 크게 3가지 기준으로 선발한다. 3개년 업적 상위 20% 이내, 직무 역량 3레벨 이상, 그리고 본부장의 추천서가 있어야 한다. 이렇게 추천을 받은 팀원 중에 매년 사업 전망, 회사 재무 현황, 본부별 팀장 승진률 등을 고려하여 CEO가 주관하는 인사 위원회에서 1월에 결정한다.

팀장 후보자에게는 1년의 기간 동안 다양한 심사를 진행한다. 당해년도 업적과 역량 고과 A이상은 기본이며, 도전과제 수행, 외국어 등급 취득, 리더십 교육, 경영층 면담을 통과해야 한다.

매년 팀장 후보자로 선정된 팀원 중 누구는 팀장으로 선임되고, 누구는 탈락한다. 혹자는 운이라고 하지만, 이 과정을 진행하는 경영진과 인사팀장이 강조하는 단 하나는 바로 인간관계 능력이다.

사실 팀장 후보자로 추천된 팀원 중 업적과 직무 역량이 떨어지는 경우는 없다. 본부장이 추천을 할 때, 업적과 역량이 떨어지는데 추천하여, 전사 심사에서 부끄러운 모습을 보이게 되는 일은 있을 수 없다. 정말 팀장이 될 만한 충분한 자격이 있는 사람을 엄선하여 추천한다. 이들을 대상으로 도전과제, 최고 경영층 면담에서 집중적으로 보는 것은 팀장으로서 업무 수행 능력뿐만 아니라, 인간관계 능력이다. 혼자 일을 잘하는 사람이 팀장이 되면 곤란하다. 과제를 창출할 줄 아는 능력, 과제가 제대로 수행하도록 업무를 분장하고 위임하며, 점검과 피드백을 하여 성과를 창출하는 능력을 본다. 팀원들 한 명 한 명에게 관심을 갖고 조직과 팀원을 육성하며 가치를 올릴 수 있는 소통 역량 등을 살핀다.

| 대인 관계의 원칙이 있는가?

팀장 후보자에게 인간관계를 이끌어가는 자신만의 원칙을 Do 또는 Don't의 관점에서 대답하라고 했다.

Do의 관점에서 비결은 다음과 같다.

① 지속적인 소통을 한다.

② 솔직하게 대한다.

③ 그 사람의 이야기를 깊이 있게 고민하고 나의 의견을 전한다.

④ 만났던 주기를 체크해서 만남 간격을 조정한다.

⑤ 기본적인 상대의 근황 또는 정보를 기억한다.

⑥ 언제나 Why를 기반으로 대화한다.

⑦ 상대방의 언행을 역지사지의 자세로 최대한 이해하려 한다.

⑧ 말과 행동이 일치하는 사람과 관계를 유지한다.

⑨ 생일과 경조사는 꼭 챙긴다.

⑩ 대화 비율을 3:7로 가져간다. (경청을 7의 비중으로 한다)

DON'T의 관점에서는 다음과 같다.

① 돈 거래는 절대 하지 않는다.

② 먼저 이야기하기 전에 개인사에 대해선 묻지 않는다.

③ 민감할 수 있는 종교, 정치, 신체에 관한 이야기는 하지 않는다.

④ 오는 사람 막지 않고 가는 사람 잡지 않는다.

⑤ 뒤에서 험담하지 않는다.

⑥ 지치고 힘들었을 때 내색하지 않는다.

⑦ 자신의 목적 달성을 위해 거짓을 아무렇지 않게 말하는 사람은 경계한다.

⑧ 부정적인 감정을 주변 사람들에게 전달하는 사람을 피한다.

⑨ 아무리 급해도 불쑥 전화하기보다 먼저 문자를 보낸다.

⑩ 싫어하는 행동을 2번 이상 하지 않는다.

성공한 사람과 실패한 사람들에 대한 조사를 해보면, 성공과 실패를 낳게 한 가장 높은 원인은 바로 인간관계능력이다. 직장에서 팀장이나 임원으로 승진하는 사람들은 업적과 직무 전문성은 기본적으로 뛰어나다. 승진과 탈락의 요인도 인간관계이다.

직장생활 시작할 때 사수가 필자에게 부탁한 것은 3가지였다.
- HR부서는 사람이 중심이다. 지금부터 회사 전 임직원의 이름을 외우고 이름을 불러줘라.
- 적을 만들지 마라.
- 상사에게 그 어떠한 경우에도 대들지 마라.

직장생활 뿐만 아니라 성당 단체 생활, 각종 모임 나아가 가족관계도 인간관계가 큰 영향을 준다. 지금까지 20권의 책을 출간했는데, 그중 한 권이 바로 '인간관계가 답이다'이다. 얼마나 중요했으면 인간관계 관련 책을 저술했을까? 요즘 팀장이나 임원 대상의 '리더의 역할과 조직 장악하기' 강의의 가장 마지막 장은 바로 '인간관계 5원칙'이다.
① 소중한 사람을 간직만 하지 마라. 표현해라.
② 내 안의 소중한 사람 중요하다. 더 중요한 것은 그 사람 마음 속에 내가 간직되는 것이다.

③ 10명의 우군 얻는 것 중요하다. 더 중요한 것은 1명의 적을 만들지 마라.

④ give & take 중요하다. 받는다는 생각을 버리고 이제는 주고 주고 또 줘라.

⑤ 말의 품격을 지켜라. (안 한다 · 못한다, 비교 갈등, 뒷담화, 상처 주는 말을 사용하지 마라)

좋은 인간관계를 맺기 위해서는 상대에게 기대하지 말고 자신이 먼저 마음을 열고 다가서야 하지 않을까?

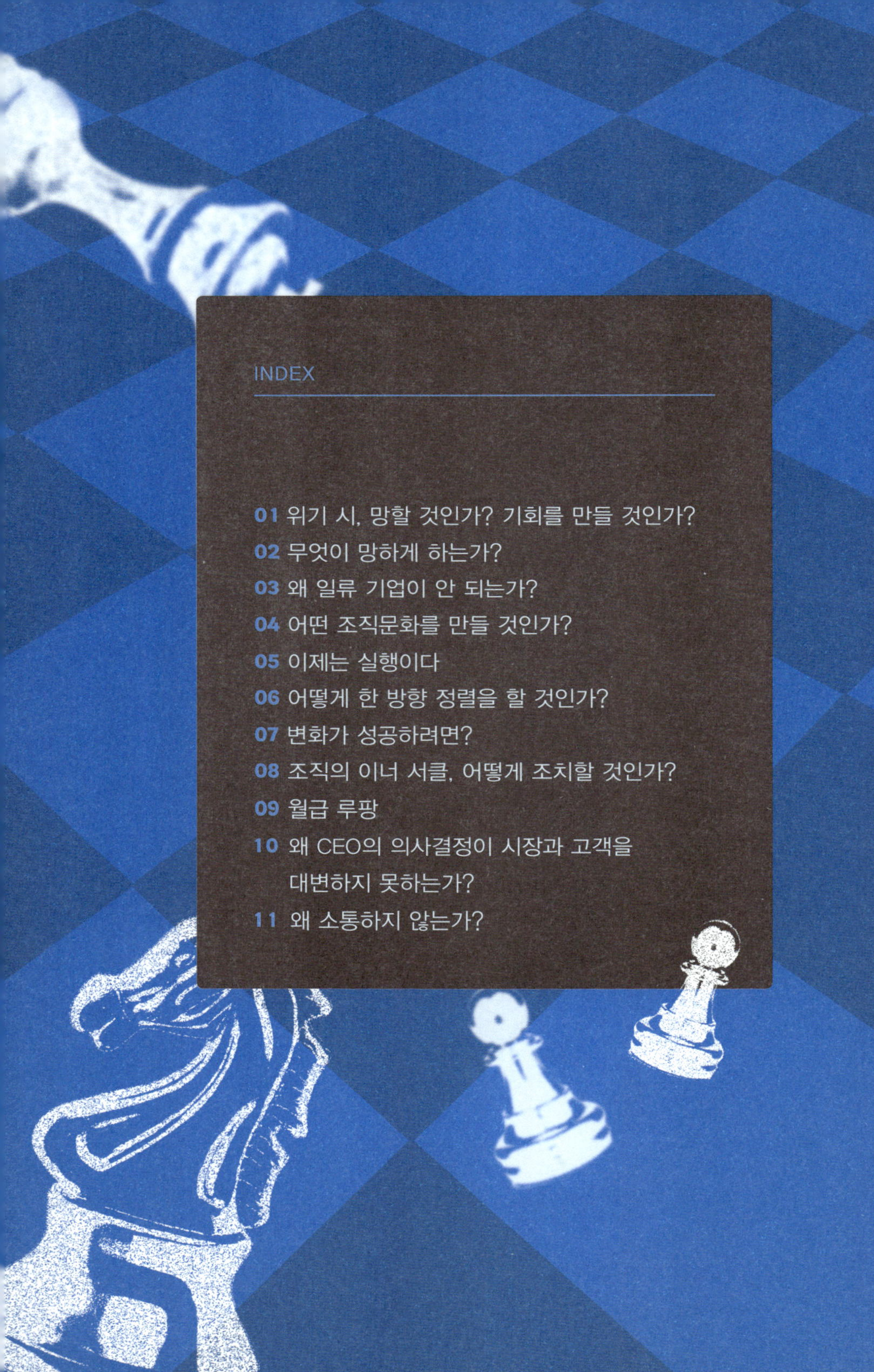

변화 관리

01

위기 시, 망할 것인가?
기회를 만들 것인가?

| 철저한 자기반성이 먼저이다

위기의 시대이다. 생계형 사업을 하는 지인을 만나면 어렵다는 말만 한다. 심한 경우, 가계를 정리해야 하는데 무엇을 해 먹고 살아야 할지 막막하다고 한다. 사실 힘든 순간이 이번 한번이 아니었고, 힘들게 만든 요인을 찾으면 수없이 많다.

망해가는 이유를 가장 잘 아는 사람은 직원으로 이들을 보면 회사를 알 수 있다. 망해가는 회사에서는 근무시간임에도 불구하고 주변 식당이나 카페에서 음식을 먹거나 수다를 즐긴다. 불량품이 발생했는데도 라인을 정지하지 않고 그냥 흘려보낸다. 경쟁사에 비해 형편없이 낮은 생산성, 국내에 안주하는 태도, CEO만 바라보며 시키면 시키는 대로, 하라면 하라는 대로 일한다. 지시는 못하면서 지적은 잘하는 상사, 회의 또 회의인 회의 만능주의, 낮은 목표를 설정하고 달성했다고 보상만 요구하는 근성 없는 모습이 만연하다. 회사가 망하기 전에 이미 직원들의 의식과 행동이 망해 가고 있는 것이다.

과거 삼성에 현실을 솔직하게 이야기해 보자는 운동이 있었다. 삼성 신경영이다. 근본적으로 "기본으로 돌아가자"이다. "나부터, 윗사람부터, 쉽고 작은 것부터 철저히"가 하나의 원칙이 되었다.

삼성 개혁의 시작은 철저한 자기반성이었다. 삼성이 절대 일등이 아니라는 반성을 했다. 그룹 연수원 1층 로비에 거대한 부스가 설치되었다. 글로벌 1등 제품과 삼성 제품을 비교 전시하여 그 수준 차이를 명확하게 알게 했다. 개인과 집단의 이기주의, 말로만 고객만족, 농업적 근면성만 강하지 창의성이 없는 근무태도, 양 위주의 사고 등을 반성하기 시작했다.

망한 다음에 무슨 할 말이 있겠는가? 삼성의 선택은 철저한 자기반성을 통한 위기의 인지였다.

| 과거는 과거일 뿐이다

신입사원에게 일을 지시하면 가장 먼저 하는 일이 무엇일까? 과거 자료를 찾는다. 과거 성공과 익숙함에 대한 선택일 것이다. 백지 상태에서 문제를 파악하고 개선하거나, 바람직한 모습을 설정하고 도전하려는 열정이 부족하다. 이는 신입사원의 잘못이 아니다. 조직 내에서 학습된 결과이다. 조직 내에서 이런 일하는 방식이 뿌리 깊게 존재하기 때문이다. 상황의 변화에도 불구하고, 과거 승인되었기 때문에 이번에도 승인될 것이라는 막연한 기대감이 일을 제자리에 머물게 한다.

의사결정에 있어서 과거의 성공이 미래 발목을 잡는 일은 매우 많다. 아날로그 시대의 근면성을 바탕으로 했던 일들을 디지털 시대에도 답습한다. 마치 엑셀을 사용하면 10분이면 할 일을 계산기로 두드리면서 하루 종일 일을 하는 모습이다.

문제에 대해 개선하는 일을 할 것인가? 바람직한 모습을 그리고 추구하는 일을 할 것인가?

과거에 머물러 있는 임직원들은 문제가 발생 시, 개선하면 된다는 사고가 팽배하다. 많은 중소기업 경영자는 중견기업이 되려고 하기보다는 지금까지의 성공을 바탕으로 이제 한 걸음 한 걸음 개선만 하면 충분하다는 생각을 한다. 새로운 일을 벌이기보다는 기존 일의 유지에 치중한다. 신사업에 대한 연구 개발 투자보다는 기존사업의 유지관리를 통한 이익극대화에 더 많은 관심을 갖는 듯하다. 중견기업이 되면 중소기업의 혜택을 못 받는다는 생각이 강하다. 이러한 기업은 어느 순간 반드시 정체되고 궁극적으로는 망하게 된다.

과거에 머물며 개선하면 된다는 사고는 쇠퇴로 가는 길이다. 새로운 것에 대한 도전과 악착같은 실행을 통해 부가가치를 창출하고 이를 통해 이익을 내는 기업이 성장한다. 머무는 것은 고이고 궁극적으로 썩게 되어 반드시 위기를 부르게 되어 있다.

| 위기를 바라보는 시각과 리더의 대응

위기와 변화는 반드시 온다. 어떤 시각으로 바라보며 준비하는가의 차이가 성장과 쇠퇴의 갈림길을 결정하는 원동력이다. 위기 순간, CEO가 모든 투자를 중단하고, 조직과 인력의 구조조정을 시작하고, 제공하던 중식과 석식까지 중단하면 무슨 일이 발생하겠는가? 변화를 면밀히 인지하고 선제적 방안을 결정하여 추진하지 못하고, 위기의 순간이 오게끔 경영을 한 CEO가 가장 큰 책임이 있는 것 아닌가?

금융 위기 시, 위기에 대응하는 두 기업이 있다. A기업은 위기를 기회라 보며 지금껏 보유하고 있던 자산을 갖고, 보다 도전적인 인수합병을 추진했다. 갑자기 안 좋게 된 상황에 준비가 안 되어 흑자도산 하는 좋은 기업을 유리한 조건으로 사들인 것이다. 재력이 있었고 무엇보다 변화를 읽고 과감한 전략을 펼치는 CEO가 있었기에 가능했다. B기업은 충분한 자금이 있었음에도 불구하고 움츠렸다. 오히려 조직과 구성원에게 지금은 위기 상황이니 최대한 불필요한 경비사용을 자제하라고 했다. '소나기는 피해 가라'는 옛말처럼 위기의 순간에 잔뜩 움츠려 있을 뿐 기회로 만들려는 노력을 하지 않는다. 어느 기업이 성장하고 어느 기업이 망하겠는가?

리더는 길고 멀리 보며 방향을 정하고 전략과 중점 과제를 만들어 악착같이 실행하는 이끄는 사람이다. 리더의 그릇 크기와 리더십이 조직과 구성원의 성장과 성과를 좌우한다. 회사와 구성원의 인정과 존경 받는 리더는 좋은 사람이 아니다. 조직과 구성원의 가치를 올리며 성과를 창출하도록 한다. 이들은 현재를 기반으로 미래를 예의 주시하며 큰 모습을 그리며 방향을 정해 강력하게 실행해 간다.

어려울 때 가장 쉽게 이야기하는 것이 감축이다. 이보다 위기가 오기 전에 철저한 준비와 실행을 통해 지속 성장을 이어가는 것이 중요하다. 매년 최고의 당기순이익을 달성하고도 다음 해에는 위기라며 구성원에게 지속적 혁신을 강조하는 기업이 있다. 위축되라는 것이 아니다. 복지부동 하라는 것은 더더욱 아니다. 미래를 위해 현재 더욱 깨어 준비하라는 말이다. 현재에 만족하지 않고, 항상 더 높이 더 멀리 큰 틀과 방향을 보며 전략과 방안을 실행하라는 의미이다.

02

무엇이 망하게 하는가?

| 망하는 기업의 4가지 특징

세상은 변한다. 변화는 항상 존재하며 지금도 변하고 있다. 이러한 변화를 인지하여 기회를 창출하면 흥하게 될 가능성이 높다. 하지만, 변화를 인지하지 않거나 못하거나, 위기를 맞이하여 해결하지 못하면 망하게 된다. 심한 경우, 위기를 알고 대책을 세웠지만, 실행을 하지 않아 망하는 경우도 있다.

망하는 기업은 어떤 특징이 있을까?

첫째, 사업과 연계하여 시장과 고객의 변화를 알지 못하는 경우이다. 성공한 기업은 성공 요인에 매몰되어, 성장 동력을 잃고 더 이상의 성과를 창출하지 못하는 원인이 되기도 한다. 자신의 성공 요인을 따라잡을 기업도 없고, 지금 엄청난 이익을 창출하기 때문에 변화를 읽거나 위기 상황을 생각도 하지 않는다.

둘째, 변화를 인식했지만, 전략이나 대책을 수립하지 못한 경우이다. 시장과 고객의 변화를 경영층이 직접 파악하지 않고 담당자의 보고에 의지하는 경우, 부서 이기로 내 부서 일이 아니라는 생각이 시장과 고객의 요구가 전략에 담기지 못하는 원인을 낳게 한다.

셋째, 경영층이 고민하여 전략과 대책을 수립했지만, 일선 현장에서 실행되지 않는 경우이다. 내부 의사결정과 소통 채널의 문제이다.

넷째, 조직과 구성원이 실행했지만, 성과가 없어 실패한 경우이다. 낮은 목표의 수립, 저 성과 조직과 인력의 방치, 과도한 책임 추궁 문화 등이 원인이다.

| 망하는 기업의 전형적 모습

A회사에 머문 적이 있다. 전문 경영인이 경영하지만, 오너가 믿고 맡기는 성격이 아니다. 3년 이내 CEO를 교체한다. 심한 경우, 그 해 선임하고 그 해 해임했다. 선임된 CEO는 모두 오너의 신임을 받고 있다고 하지만, 언제 해임될지 불안하다. 외부 영입은 없고, 내부 발탁을 했다. A회사에 갔을 때, 가장 많이 하는 이야기는 '누구 진영인가?'였다. 크게 4개의 진영이 있었다. 오너 진영, 현 CEO 중심의 진영, 전임 CEO 진영, 노동조합 위원장 중심의 진영이다. 진영 내 끼리끼리 문화는 대단하다. 하지만, 다른 진영 사람과는 협력이 불가능하다. 서로 반대를 위한 반대를 하고, 상대에 대한 비난을 일삼는다. A부서에서 해줘야 할 일인데

진영이 다르다는 이유로 하지 않거나 늦게 해 요청한 B부서가 피해를 받았다. 어느 날, A부서가 요청할 때 B부서는 어떻게 하겠는가?

갈라진 진영은 매일 정문 앞에 현수막을 걸어 놓고 상대에 대해 험담에 열중이다. 서로 투쟁하며 CEO가 되겠다는 생각밖에 없다. 상대의 공적을 인정하기보다 뒷다리 잡기에 급급하다. 함께 가도 경쟁에서 이기기 힘든데, 오직 자신이 옳고 남을 끌어내리려고 한다. 상대에 대한 배려와 협업을 위한 생각은 찾아볼 수 없다. 회사의 이런 언행을 바라보는 지역 주민들과 고객 그리고 경쟁자는 무슨 생각을 하겠는가?

| 회사를 강하게 하는 4요소

망하는 회사의 원인은 굳이 전문가를 만나 듣거나, 경영 서적을 찾아 읽지 않아도 다들 알고 있다. 몰라서 못 하는 것이 아닌 알면서도 안 하거나 못 하는 것이다. 여러 이유가 있을 것이다. 회사가 망하기 전 내부 임직원은 이미 회사가 망할 것이라는 점을 알고 있다. 절대 잊지 말아야 할 점은 기업은 친목 단체가 아니라 지속 성장하기 위해서는 이익(성과)을 창출해야만 한다. 회사가 망하지 않기 위해서는 이익을 내야만 한다.

어떻게 회사를 강하게 만들 것인가?

첫째, 경쟁력 있는 사업 구조를 이끄는 강력한 리더이다. 변화하는 환경에서 기존 사업 구조의 강점을 중심으로 기회 요인을 찾고, 새로운 시장, 새로운 사업 구조를 만들어야 한다. 리더가 변화를 인지하고 방향과 의사결정을 하여 선제적 조치를 해야만 한다. 자신의 역할을 모르거나 하지 못하는 리더로 회사는 망하게 된다.

둘째, 한 방향 정렬이 되어 있고, 전사적 관점의 의사결정을 한다. 미션과 비전, 전략과 중점과제, 핵심 가치를 통한 가치관 경영으로 조직과 구성원이 한 방향 정렬이 되어 있다. 망하는 회사는 이기주의가 팽배하여 회사의 성장은 뒷전이고 어떻게 하면 더 자신의 것으로 할 것인가만 생각한다.

셋째, 열린 소통이다. 소통을 통한 전사적 철저한 점검과 피드백이 이루어져야 한다. 대부분 망하는 회사는 소통 자체가 단절되어 있다. 현장의 소리가 경영층에 전달되어야 하며, CEO의 지시가 현장에서 실행되어야 한다. 내부 의사결정과 협업 등의 채널과 프로세스의 정교화를 통한 계획 수립, 전달, 점검과 피드백이 선 순환되어야 한다. 정보나 자료가 특정인에게 집중되어 내 외부 정보와 자료들이 자신에게 유리하도록 왜곡되어 전파되면 망하게 된다.

넷째, 해낼 수 있다는 의식이 가득한 조직문화이다. 경쟁력 있는 전통은 계승하고, 새로운 환경에 부합하는 가치를 찾아 내부 조직과 구성원에게 내재화 하여 이기는 조직문화를 이끌어가야 한다. 망하는 회사의 조직과 구성원은 목표와 열정이 없다. 누군가 구해주겠지 하는 마음으로 일하는 척만 한다. 해 봤자 안 된다는 생각이 가득하다. 강한 회사에는 일에 대한 자부심, 즐거움, 성장의 열정이 가득하다.

CEO가 조직과 구성원에게 무엇을 바라겠는가? 생존의 차원을 뛰어넘어 지속 성장하기 위해 길고 멀리 내다보며 후손에게 부끄럽지 않은 유산을 남겨주도록, 변화 속 혁신을 통해 성과를 창출하는 것 아니겠는가?

03

왜 일류 기업이 안 되는가?

| 2명의 강사와 교육

외부 대관을 하는 대기업 인재개발원 강사대기실에서 강의 준비를 하고 있었다.

당일 진행되는 교육과정은 총 5개였다. 신입사원 과정, 과장급 대상의 직무 교육들, 팀장 대상의 리더십 교육이었다. 1시부터 강의가 있어 도착한 시간이 점심시간이었다. 식당과 편의점은 붐볐고, 신입사원 입문 교육에 참석한 사원들의 생동감 있는 모습에 개발원이 활기가 넘쳐 있었다.

교육담당자가 식사 중이라 칸막이 형태의 강사 대기실로 안내되었다. 들어가니 2명의 강사가 대기하고 있었다. 한 명은 더위에도 정장에 넥타이를 매고 책을 보고 있었고, 다른 한 명은 편안한 복장으로 마냥 서성인다. 자칫 어색할 수 있는 분위기이기에 빠르게 명함을 교환했다. 정장한 강사는 대기업 생산 공장의 생산운영 부장이었다. 평상복을 입은 강사는 명함을 가져오지 않았다고 한다.

생산부장은 과장 대상의 생산계획 수립과 5S강의를 위해 왔다고 한다. 대화 중 이 분야 강의는 하지 않았지만, 생산 현장에서 잔뼈가 굵고 많은 실적을 쌓은 전문가임을 알 수 있었다.

평상복의 강사는 신입사원 과정에 세일즈 강의를 위해 왔다고 한다. 대화 도중, 무엇이 불만인지 화가 난 모습으로 연신 핸드폰을 보며 괜히 왔다는 말을 되풀이한다. 말을 꺼내기가 어려운 상황이라 생산부장과 대화를 이어갔다. 세일즈 강사의 복장과 대기하는 자세, 인사와 언행에서 신입사원들이 무엇을 배우며, 느낄까 걱정이 되었다. 교육담당이 들어와 강의를 위해 먼저 자리를 비웠다.

S그룹 직원 교육이 생각난다.

신입사원 교육은 23박 24일 합숙이었다. 6시부터 일과가 시작되어 끝나는 시간은 없다. 하루하루 철저하게 S인으로 변화시켜 간다. 중간에 견디지 못하고 떠나기도 한다. 엄격한 룰에 의해 진행되어 술이나 화투 등 놀음을 하면 그 자리에서 퇴직을 하게 된다. 화합과 경쟁이 과정 중에 녹여져 있고, 실력이 없으면 안 되며, 지도 선배에 의한 관찰 평가까지 더해 회사 및 직무 배치에도 반영이 된다. 기존 직원도 마찬가지이다. 놀다 오겠다는 참석자는 없고, 부서장도 건강 유념하라는 부탁을 한다. 당일 일이 바빠 교육 참석하지 못하겠다는 말을 하는 임직원은 없다.

인력개발원 들어가는 입구부터 차분한 마음이 된다. 교육 기간 동안 최선을 다해야 한다는 생각밖에 없다. 주변 동료들의 눈빛도 예사롭지 않다. 인력개발원에서 쉬겠다는 생각을 갖는 교육생은 단 한 명도 없다. 절제된 교육담당자의 언행, 강사들의 높은 전문성과 바른 태도, 너무나 깔끔한 주변 환경에 처음부터 끝까지 긴장의 끈을 놓지 않는다. S그룹이 일류기업으로 우뚝 서있는 비결 아닐까?

| 일류 기업이 강조하는 것들

많은 학자들이 변화 혁신을 강조한다. 혁신은 가죽 혁(革) 새 신(新)으로, 가죽을 새 것으로 한다는 뜻이다. 사람이라면 피부를 벗겨내는 아픔과 고통이 수반된다. 인내해야 한다. 혁신을 이루는 기업들이 강조하는 내용은 무엇일까?

S그룹이 변화 혁신을 위해 직원에게 강조하는 9가지 내용이다.

① 세계 초일류 수준과의 격차 제시

② 혁신 수준을 진단하고 일류 기업에 비해 약점이 무엇인가 제시

③ 외부 컨설팅을 통한 새로운 기준 제시

④ 경쟁업체에 비해 취약한 것을 구성원에게 공유

⑤ 고객만족과 회사 재무 상태에 대한 공개

⑥ 업적 평가와 기업의 모든 성과 공유

⑦ 회사의 문제점을 CEO가 솔직하게 공개

⑧ 근거 없는 낙관, 무조건 찬성하는 발언에 고위관리자도 제재

⑨ 항상 5~10년을 생각하게 한다.

S그룹의 혁신 내용을 살피면 현실을 명확하게 인식하고 차별화된 경쟁 원천으로 5~10년을 바라보며 의사결정과 실행을 하게 한다. 많은 기업들이 혁신을 이야기하지만, 구호로 끝난다. 구체적인 목적이나 계획, 실행이 뒤따르지 않는다. 이런 일이 수없이 반복되면서 오죽하면 조직과 구성원이 '이 또한 지나간다.'고 생각하며 실천하지 않는다.

한동안 고 이건희 회장의 '처와 자식 빼고 다 바꿔라' 란 말이 회자되었다. 당시, 이대로 하면 망한다는 위기의식이 있었다. 내가 만든 제품이 상점 저 구석에 먼지에 쌓여 있는 모습, 다른 제품을 파는데 끼워 파는 제품이라면 어떤 생각이 들겠는가? 자신이 만든 제품을 쌓아 불로 태우며 혁신을 다짐한다. 일류기업의 임직원들은 혁신을 이끌어가는 원칙을 정하고 마음을 강하게 한다.

① 나부터 변한다.

② 작고 쉬운 것부터 변화시킨다.

③ 지금 당장 한다.

사실 많은 교수, 전문가들이 일류 기업, 핵심 인재가 되도록 말과 책을 통해 수많은 해법을 제시한다. 무엇이 문제이며 어떻게 해야 하는가 수많은 방법이 있다. 다 알고 있으면서 왜 일류 기업, 우수 핵심 인재가 되지 않는가? 바로 실행 아닐까? 일류 기업이 되는 방안을 다 알고 있는데, 이를 지속적으로 실천하는 조직과 사람은 적다. 일류 기업이 되는 것은 조직과 구성원이 한 방향 정렬을 하여 악착같이 실천하는 일 아닐까?

어떤 조직문화를 만들 것인가?

| A회사와 B회사

A회사를 방문했다. 안내데스크의 여직원이 일어나 반갑게 인사를 하며 방문 부서와 담당자를 묻는다. 강의를 하러 왔다고 하니, "홍석환 대표님이냐?" 묻더니 담당자에게 연락을 취하며 잠시 옆 접견실에서 기다려달라고 한다. 잠시 후 담당자가 내려와 교육장으로 안내를 한다. 이동 중에 대상자의 변동 사항과 교육장 구조를 설명한다. 9시 강의인데, 5분 전 모든 참석자가 자리에 앉았다. 담당자는 간략하게 강의 목적, 중점 내용, 강사를 안내한다. 강의 중 질문이 많다. 모두가 중요하다고 생각하는 부분을 기록한다. 옆 참가자와 1분의 짧은 토론에 열심이다. 3시간 강의이기 때문에 50분 강의 10분 쉬는 시간을 가졌는데, 1분 전에 전원 자리에 앉아있다. 쉬는 시간에 메모지를 전하는 참석자가 있었다. 자신의 상황에 대한 애로사항을 적은 것이다. 강의 중 설명해도 좋은 내용이라 공유해도 되겠느냐 물으니 기꺼이 허락한다. 준비한 3영역의 주제 중 한 영역이 끝나고 질문이 있느냐 물으면 3~4명이

손을 든다. 질문 있는 분은 적어 달라고 하니 10명이 넘는다. 질문에 짧게 답변하고 다음 영역을 진행한다. 강의하는 것이 즐겁다. 몰입과 열정의 현장에 서 있다는 것은 행복이다. 그들에게 자신이 영향을 주고 있다는 것이 자랑스럽다.

B회사를 방문했다. 정문 로비에 아무도 없다. 3층에 있는 교육장을 찾아갔다. 3층 문이 닫혀 있다. 담당자에게 전화를 했는데 받지 않는다. 문자를 남기고 3층 로비에 5분 정도 서 있는데 한 명이 나온다. 강의하러 왔다고 소개하고 교육장 안내를 부탁하니, 들어가 오른쪽에 있다고 한다. 문을 열어줘 들어가니 20분 전인 교육장에 아무도 없고 준비도 되어 있지 않다. 담당자에게 교육장에 있다고 문자를 남기고 교육장 전체를 살폈다. 10분이 남지 않았는데 아무도 오지 않는다. 불안한 마음에 PC를 꺼내 셋팅하고 있는데 담당자가 온다. 인사를 나누고 준비를 마쳤다. 정시가 되었는데 30명의 참석자 중 절반이 오지 않는다. 담당자가 10분 후 시작한다고 일방적으로 말하고 교육장 밖으로 나간다. 10분이 지나도 담당자가 오지 않고 20여 명이 자리에 앉아있다. 담당자에게 문자를 보내니 그냥 시작하라고 한다. 열정에 불타는 경기장에서 경기를 하는 선수들은 힘이 솟는다. 하지만 전혀 반응이 없는 마치 끌려 나온 사람들처럼 싸늘한 분위기에서 경기를 하는 선수는 열기를 끌어내기 위해 엄청난 노력을 해야만 한다. 말 한마디 없는 분위기에 누군가 구해 주길 바라는 목표와 의욕 없는 사무실

에서 근무한다고 생각해 보자. 무슨 생각을 하겠는가?

| 초일류 기업, 좋은 조직문화를 만드는 6가지 질문

초일류 기업의 직원들은 어떤 조직문화를 원할까? 한국 경영 인증원에서 심사를 하고 인증을 주는 일하고 싶은 회사의 조건을 살펴보았다. 조직문화, 평가와 보상, 유연근무, 장기 근무를 위한 제도로 구성되어 있었다. 정말 일하고 싶은 회사는 어떤 모습일까? 멘티들에게 초일류 기업의 조건을 물어보았다. 이들이 대답하는 공통점은 3가지이다. 일에 대한 자부심, 직장 생활을 하며 부단한 성장, 일하는 즐거움이다. 초일류 기업의 직원들은 자신이 하는 일에 의미를 부여하고 전문가로 성장하기를 원한다. 일을 하며 지겹다, 하기 싫다는 생각보다는 하는 일을 즐기며 배우며 성과를 창출하려고 열정을 다한다.

멘티가 좋은 조직문화를 가진 회사를 판단하는 6가지 비결을 전송했다. 보면 볼수록 이곳에서 근무하면 즐겁고 성과를 낼 수 있겠다는 생각이 들었다.

첫째, 지적 호기심을 자극시키는 뛰어난 동료들이 있는가?

누군가 자신에게 선한 영향력을 줄 때, 자극을 받고 기분이 좋아진다. 지금까지 생각하고 행한 행동에 다른 방식의 자극을 받게

207

되면 당황하기보다는 지적 호기심에 즐거워진다.

둘째, 이곳에 있으면 동료와 함께 내가 성장하는 시간을 가질 수 있는가?

구글의 직원들은 회사를 퇴직하려 하지 않는다고 한다. 여러 이유 중 으뜸은 주변 동료로부터 많이 배우기 때문이라고 한다. 자신의 성장을 자극하는 상사와 동료가 있다면 그 깨달음과 배움이 금전적 보상보다 클 것이다.

셋째, 가족처럼 편안하고 웃음을 주는 동료들이 있는가?

우리가 직장생활 하면서 몇 번 웃는가? 가장 일하고 싶지 않은 직장은 말 한마디 하지 않고 퇴근하는 직장일 것이다. 오늘 자신의 생일인데, 그 누구와 말 한마디 하지 않고 점심도 혼자 먹고 싶지 않아 굶었다면 그 직장에 대해 어떻게 생각하겠는가?

넷째, 내가 하고 싶은 일을 할 수 있는 기회를 주는 곳인가?

잘 할 수 있고, 하고 싶은 일을 하는 직원은 몇 명일까? 누구나 자신이 하고 싶은 일이 있다. 그 일에 대한 전문가의 목표를 갖고 한 단계 한 단계 배움의 정도를 넓혀 가면 얼마나 기쁘겠는가?

다섯째, 내가 일하고 싶은 만큼 일하면서 성과를 창출해도 되는 기업인가?

유연근무제를 운영하는 직원을 만났다. 아기 어린이 집 데려다 주고 10시에 출근하는 것이 기쁘다고 한다. 대학원을 다니기 위해 한 시간 빨리 출근해 저녁에 공부하러 간다고 한다. 9시 출근 6시 퇴근만 있던 회사에서는 기대할 수 없는 배려이다. 자신이 원하는 것을 할 기회를 주는 회사에 더 정이 갈 수밖에 없다.

여섯째, 서로가 존중하는 마음으로 감사 표현을 하는 곳인가?

신뢰가 있는 기업은 두 가지 큰 특징이 있다. ①자신의 역할을 알고 다한다. ②서로 믿고 존중한다. 만나는 사람에게 관심을 갖고 진정성을 갖고 배려한다. 이들은 출입문을 열고 뒤따라오는 사람을 위해 문을 잡아주며, 들어오는 사람은 고맙다는 말을 반드시 한다. 이들은 사소한 행동 하나에도 의미를 부여하고 감사를 표하는 성숙도가 높은 모습을 보인다.

어느 회사에 근무하는가? 이곳에서 1년간 업적과 역량을 쌓고 다시는 이 회사가 있는 곳은 바라보지도 않겠다는 마음으로 출근하고 있는가? 이곳에 근무하는 것이 너무나 자랑스럽다. 하루하루 배울 점이 많고, 함께 근무하는 사람에게 감사하다고 생각하며 출근하는가? 결국 일하기 좋은 기업은 그 안의 구성원이 스스로 만들어 가는 것 아닌가?

05

이제는 실행이다

| 한 방향 정렬이 되었는가?

애자일 조직을 강조했다. 급변하는 환경 속에 경쟁사보다 더 빠르고 민첩하게 앞서 가야 했다. 속도와 스피드가 중요한 경영의 가치가 되었다. 안주하여 유지하는 것은 망해가거나 망한다고 했다. 하지만, 추구해야 하는 목표가 무엇이고, 이 목표를 달성하기 위해 누구는 앞에서 끌고, 누구는 뒤에서 끌면 곤란하다. 리더는 뒤에서 끌고 있는 사람들을 모두 앞으로 세워 함께 끌고 나가야 한다. 서로가 서로를 배려하며 힘을 모아 신바람 나게 달려야 한다.

| 한 방향 정렬이 되었다면 이제는 실행이다

유명한 이야기가 있다.

사무실에 뱀이 들어왔다. H회사 직원들은 들어온 뱀을 보자마자 죽여 버린다.

누구도 뱀이 들어왔다고 호들갑을 떨지 않는다. 대부분 사람들은 뱀이 사무실에 들어왔는지를 모른다. 그러나 L회사에서는 사무실에 뱀이 나타나면 가장 먼저 대책위원회를 구성한다. 수많은 논의를 한 후에 전문가가 없다고 외부에서 뱀에 대해서 많이 아는 컨설턴트를 초빙한다.

회사 직원으로부터 회자되는 A, B 두 부장이 있었다.

A부장은 국내 최고 대학을 졸업하고, 미국 스탠퍼드 대학에서 석박사 학위를 취득했다. 미국 기업에서 3년 근무하다 영입된 핵심인력이다. 사업을 보는 시야가 넓고, 기획력이 뛰어났다. A부장이 작성한 보고서에는 군살이 없다. 항상 큰 방향을 정하고 추진 전략과 방안의 수준이 높았다.

B부장은 좋은 품성을 바탕으로 주변 사람들과 인맥이 두터웠다. 자신의 주장보다는 상대를 배려하고 어렵고 힘든 일에 항상 솔선수범했다. 직원의 조사에는 빠진 적이 없고 회사가 가라고 한 곳, 하라고 한 일에서 미션 실행으로 성과를 창출했다.

회사는 미래 먹거리를 찾는 실행과제를 만들어 추진할 '신사업 전략팀'을 만들었다. 대부분 직원들은 A부장이 팀장이 될 것이라 생각했다. A부장도 신사업 전략팀의 팀원을 해외 근무 경험이 있는 회사 내에서 매우 우수한 직원으로 추천했다.

조직장으로 B부장이 팀장이 되었다. 회사는 방향과 전략을 잘 수립하는 사람이 아닌 정교하고 구체적인 계획을 세우고 이를 강력하게 추진할 실행력 있는 사람을 선택했다. 경영층은 간절하고 절박한 심정으로 조직과 팀원을 이끌고 성과를 창출할 수 있는 적임자가 B부장이라고 전원 동의했다. B팀장은 우수한 직원들과 함께 하나의 원칙을 세웠다. '기획은 20%만 하자. 실행이 80%이다.' B팀장은 팀원들의 아이디어를 경영층에 보고하며 항상 해보겠다고 말했다. 때로 경영층에서 실패 가능성에 대해 질문하면, B팀장은 "우리 팀이 할 일은 실패를 두려워하기보다는 실패에서 배워 회사를 먹여 살릴 신사업이나 신제품을 개발하는 것이라 일단 시도하겠다."고 강조했다. 1년 후 상무로 특진하였다.

| 왜 실행하지 못하는가?

성과를 창출하기 위해서는 실행이 중요하다는 것을 모르는 회사와 임직원은 없다. 그런데 왜 실행이 안 될까? 컨설팅을 한 회사의 A담당자는 '우리는 검토가 80%, 실행이 20%'라고 한다. 사실 60% 정도 확신이 있으면 실행하라고 한다. 성과가 떨어지는 기업일수록 실패에 대한 두려움 등의 이유로 수많은 시간을 검토하고 또 검토한다.

필자가 과거 회사를 옮기고 한 달이 되지 않아 HR의 핵심과제를 경영 회의에서 발표하게 되었다. 경영 회의는 매주 월요일 오전에 실시되기 때문에 팀원이 걱정스러운 듯 "주말 출근할까요?" 하며 묻는다. 왜 출근해야 하냐고 물으니, 예상 질문이 무엇이고 어떻게 답할 것인가 생각해 보자고 한다. 지금까지 경영 회의 발표가 있으면 전부 예상 질문과 답변을 준비했다고 한다. 철저히 준비하는 것은 중요하지만, 예상 질문까지 준비하여 답안을 마련하는 것 어떻게 생각하는가? "발표와 답변은 내가 하는 일이고, 모르면 확인 후 별도 보고하겠다고 말하면 된다."며 주말 출근하지 말라고 했다.

왜 미션 실행이 이루어지지 않을까?

출간한 책 '회사를 키우는 실행의 힘'(행복 에너지, 홍석환 저)에서는 5가지를 이야기한다.

① **안전 지향적이고 변화를 두려워하는 사업과 조직구조.**

② **CEO의 리더십.** 학력과 경험 수준이 높고 부지런한 CEO라면 경영층이 보완 역할보다는 보좌 역할에 급급하다. 경영층이 CEO에게 지나치게 의존하며 책임 경영이 되지 않는다. 사업의 개념도 모르고 무조건 자기 부서 이익만 생각하는 지시일변도의 의사결정과 CEO 지시 사항이란 말이 회자된다. 철저한 단기 실적을 강요하고 결과에 대한 책임은 나 몰라라 한다.

③ **회사의 상호작용 스타일.** 순환보직에 따른 잦은 자리이동, 토론이 중시되지 않는 일방적 업무, 연공서열과 가부장적 직

     제4장 변화 관리

위를 강조하는 관행, 방향을 제시하지 못하고 디테일한 부분까지 챙기는 정 대리 같은 정 사장, 무슨 제안을 하면 "그것 옛날에 다 했다. 내가 시키는 것만 해. 해 봤자 소용없으니 그냥 하던 일만 하라."고 하는 팀장들, 주관자만 말하는 회의, 협의를 강조하지만 협의와 협조가 없는 극심한 이기주의, CEO의 지시가 아니면 움직이려고 하지 않고, 아무도 말을 하지 않는 문화가 정착되어 실천을 가로막고 있었다.

④ **공평하고 차별이 없는 인사제도.** 공정 추구, 성과중심, 현장 중시, 노사 상생, 직무 중심의 인사가 되어야 한다. 공평을 강조하며, 성과가 아닌 관계와 진영 논리, 주관부서 중심의 획일적 의사결정과 실행, 노사 갈등과 이기 추구, 사람 중심의 인사가 되면 망할 수밖에 없다.

⑤ **조직장의 소신 없는 무책임.** 권한이 없다. 자신이 할 수 있는 것은 담당하는 일밖에 없다고 한다. 전결규정이 있지만 지켜지지 않는다. 잘하면 당연한 일이고, 잘못하면 책임만 따른다고 한다. 나약한 조직장에게서 강의 열정과 의지, 높은 도전 과제, 미션 실행을 어떻게 기대하겠는가? 조직장에 대한 유지 관리도 중요하지만, 조직장을 선발하는 프로세스에 의해 강한 조직장이 선발되도록 하는 것이 보다 중요하다.

| 어떻게 악착같이 실행하게 만들 것인가?

세대 차가 있는 멘티들에게 조직 내 구성원을 악착같이 만들 수 있는 방안을 질문했다.

1) 조직과 구성원들의 동기부여를 위해 고성과자와 핵심 기여자에게는 확실한 보상을 해줄 수 있도록 공정하고 합리적인 평가제도 및 보상체계를 확립하겠다.

2) 꼭 달성해야 하는 목표에 대해 누구나 의견을 제시하고 위에서는 그를 수용하는 문화가 있어야 한다. 목표 달성에 따른 확실한 보상을 해주어야 한다. 사실 그 누구도 대표처럼 악착같이 실천하기는 어려울 것 같다. 하지만 의견을 자유롭게 꺼낼 수 있고 받아들여진다면, 또 그에 대한 확실한 보상까지 따라온다면, 그에 따른 책임감과 목표를 달성하기 위한 마음으로 대표가 바라는 악착같은 실천에 근접한 어느 정도 수준까지는 가능할 것 같다.

3) 소통과 피드백을 활성화 하는 것이다. 소통의 창구만 마련하고 그에 따른 해결책이나 피드백이 없다면 소통이 지속적으로 이루어지지 않는다고 생각한다. CEO와 직원 간의 생각을 서로 공유하며 서로의 생각을 점검해 나간다면 조금 더 악착

같이 서로의 목표를 향해 달려가고 발전할 수 있을 것이다.

4) 무엇이든 명확한 보상이 있어야 악착같이 한다고 생각한다. 예를 들어 운동회만 하더라도 상품이 있거나 다른 반과의 경쟁이 있기 때문에 더 열심히 하는 것 같다. 경쟁을 중요하게 생각하는 리더 배치, 실천에 대한 명확한 보상이 필요하다고 생각한다. 만약 부서원들이 딱히 경쟁에 관심이 없으면 명확한 보상이 있어도 악착같이 할 것 같진 않다. 팀원을 이끄는 리더가 그런 보상에 관심이 많고 경쟁에서 지고 싶지 않아야 팀원들을 이끌며 악착같이 성과를 관리할 것 같다.

5) 조직 내 임원 및 부서장, 팀장이 일적으로는 악착같이 일하는 모습을 솔선수범하여 보여주고, 인간적으로는 팀원들을 다독이며 독려해주는 모습이 필요할 것 같다.

조직과 구성원을 악착같이 만들기 위해서는 원인에 따른 맞춤형 대책이 중요하다. 사업구조가 이슈라면 사업구조를 바꾸기는 어렵고 핵심가치와 이기는 문화로 구성원들을 한 방향 정렬하도록 하는 것이 바람직하다. 현명하고 행동이 신속한 CEO라면 참모 활용 방법을 알려 주거나, 코칭을 통해 조직과 구성원을 육성하도록 조치해야 한다. 사업 전략과 연계된 성과지향과 공정한 인사제도를 설계하고 운영해야 한다. 무엇보다 사고와 일하는 방식의 전환을 통한 '했다 주의'가 아닌 성과지향의 문화를 가져가야 한다. 악착같이 일했다고 성과가 높은 것은 아니다. 보다 중요한 것은 얻고자 하는 바를 명확히 알고 높은 성과를 창출하는데 있다. 올바르고 신속하게 한다면 금상첨화이다. 리더가 중요하다. 올바른 방향을 여유롭게 제시하고 솔선수범하며 조직과 구성원의 역량 수준을 높이며 이기는 문화를 만드는 원동력이 리더이기 때문이다.

06

어떻게 한 방향 정렬을 할 것인가?

| 초등학교 100m 달리기에서 배우는 한 방향 정렬

어릴 적 초등학교 운동회는 지역의 큰 잔치였다. 지역 유지를 모시고, 학생과 학부모가 여러 종목에서 하나 되는 행사였다. 줄 다리기, 풍선 터트리기, 달리기는 필수 종목이었다. 이 중 100m 달리기는 10명이 한 조가 되어 신호와 함께 목표지점을 향해 달 린다. 많은 사람들이 "힘내라"로 응원하고, 결국 1~10등이 결정 된다. 10명 중에는 뒤로 달리거나 옆으로 달리는 사람은 없다. 모두가 앞을 향해 직진한다. 앞에 목표가 보이기 때문에 직진이 가장 빠르다는 것을 알고 있는 힘을 다해 달린다. 아마도 부모님이 바라보고 있다는 생각 때문에 더 열심히 달린다.

직장에서의 일은 초등학교 100m 달리기와 여러 면에서 다르 다. 출발부터 다르다. 10명을 한 라인에 앞을 보고 서있게 하지 않 는다. 10명의 등급이 다르다. 같은 초등학교 동급생이 아닌 연차와 역량의 차이가 존재한다. 앞서 달려간 사람이 있고, 이제 준비하는 사람도 있다. 동시에 신호가 울리지 않는다. 가는 방향도 제각각이다. 앞으로 달리는 사람, 뒤로 달리는 사람, 옆으로 달리는 사람도 있다. 달리는 사람도 있고 걷는 사람도 있고, 앉아 쉬는 사람도 있고, 달릴 생각도 없는 사람도 있다. 결과에 대해 축하하거나 질책하는 사람은 많아도 중간에 우레와 같은 응원은 그리 많지 않다. 각자가 알아서 목표를 정하고, 고민하여 계획을 짜서 실행한다.

달리거나 걸으면서 직장인들은 불안해한다. 내가 가는 길이 옳은가? 나는 제대로 하고 있는가? 이렇게 하면 성과를 내고 목표를 달성할 수 있는가? 이것이 가장 효율적이고 효과적인 방법인가? 생각하지 못한 더 좋은 방법은 없는가? 예상하지 못한 일이 발생하면 어떻게 할까? 누군가 자신의 이러한 고민에 방향을 결정해 주거나, 조언을 해주면 좋겠다는 생각을 한다.

| 한 방향 정렬, 어떻게 할 것인가?

조직장의 역할은 무엇인가? 조직장과 구성원의 차이는 무엇인가? 구성원은 '주어진 일에 대해 자료를 수집하고, 분석하여, 결과물을 창출하여 보고하거나 활용하도록 하는 일'을 한다. 조직장은 주어진 일을 창출하는 것이 일이다. 초등학교 100m 달리기의 주역은

　　　　　　　　제4장 변화 관리

초등학생이다. 주어진 틀에서 그들이 하는 일은 열심히 달리기만 하면 된다. 100m 달리기를 생각하고, 제반 준비를 하여 앞으로 달리게끔 하게 이가 바로 직장에서는 조직장이다.

조직장이라면, 올바른 방향제시와 의사결정을 해야만 한다. 이를 위해서는 올바른 가치관, 높은 전문성, 조직과 구성원과 적극적 소통 역량 등을 지니고 있어야 한다. 초등학교 100m 달리기처럼 일사분란하게 구성원이 달리게 하기 위해서 무엇을 해야 할까? 3가지를 잘해야 한다고 생각한다.

첫째, 지향하는 목적과 목표를 명확히 하는 일이 가장 중요하다. 100m 달리기처럼 목표가 명확하다면 힘을 다해 달리기만 하면 된다. 조직장은 왜 우리가 존재하며, 달성해야 할 목표가 무엇이고, 어떤 가치와 성과를 창출해야 하나 등 방향과 중점과제를 명확히 해줘야 한다. 이러한 방향과 과제를 믿고 구성원은 자료를 수집하고 분석하여 결과물을 만들어낸다. 만약 조직장이 방향을 설정하지 못하고, 의사결정을 미루며, 과제를 제시하지 않는다면 조직과 구성원은 어떤 모습이 되겠는가?

둘째, 조직과 구성원의 합의를 이끌어내는 것이다. 꿈과 목표가 있다고 성과가 창출되는 것은 아니다. 시장과 고객을 분석하여 높은 수준의 방향과 목표 및 중점과제를 제시했다고 해도, 조직과 구성원이 수용하지 않으면 결과는 기대할 수 없다. 조직과 구성원이 신뢰를 바탕으로 열정을 다해 성과를 창출하겠다는 마음자세와 실행이 중요하다. 이를 이끌어내는 원동력이 조직장이다. 말로만 하라고 한다고 실행이 되지 않는다. 조직장의 미션 설정과 솔선수범이 모범이 되어 조직과 구성원의 한 마음이 되어야 한다. 조직과 구성원이 조직장의 가치 경영에 공감하여 업무에 반영되어야 한다. 조직과 구성원이 '하나의 조직, 우리는 하나'라는 합의를 이끄는 강력한 힘은 바로 신뢰이다.

셋째, 조직과 구성원의 소통 능력이다. 조직은 다양한 성격, 목적, 일하는 방식을 지니고 있는 사람들의 집합체이다. 살아온 환경이 다르고 학력이나 생각하는 바가 다르기 때문에 이들에게 지향하는 바, 합의를 이끌어내는 것은 쉽지 않다. 이들 마음속에 동일한 방향, 목적, 가치, 실천의지를 심어줄 수 있는 것은 바로 소통이다. 전사 차원의 소통 채널도 중요하지만, 조직문화가 열린 소통을 해야 한다. 조직과 구성원 간에 언제든지 이야기할 수 있고, 내가 말이나 행동하는 것이 제약을 받거나 피해를 받지 않는다는 암묵적 믿음이 있어야 한다. 조직의 문제, 개선 또는 도전할 가치가 있는 일에 대해 언제든지 말할 수 있고 이를 검토하고 결과를 알려주는 것은 당연하다는 생각이 있어야 한다. 자유롭게 토론하며 전사적 성장과 성과 창출을 위해 정보, 자료, 자원이 상하좌우는 물론 모든 방면으로 열려 있어야 한다. 조직과 구성원 모두가 진정성을 갖고 서로 성장하고 잘되길 바라는 마음에서 관심을 가져주며 협업을 해야 한다. 조직장은 자신의 조직이 희생하고 힘이 들더라도 전사의 이익에 기여한다면, "이 일은 우리에게 이익은 없고 힘들지만, 회사를 위해 나를 믿고 우리 이 일을 함께 하자"는 말을 하며 이끌어야 한다.

07

변화가 성공하려면?

| 왜 변화는 말로만 끝나는가?

사례1 어렵지 않는 순간은 없었다. 매 순간이 위기였고 고통이었다. 회사는 매일 위기라고 한다. 출근과 동시에 회의이다. 잘했다는 말은 없고, 잘못에 대한 질책이 이어진다. 도와주겠다는 말은 없고 하라는 지시만 늘어난다. 아무도 도전적 일을 하려고 하지 않는다. 실패하면 그 책임을 져야만 한다. 협업이 이루어질 수 없다. 내가 바빠 시간을 낼 수 없는데, 누구를 도와줄 수 있겠는가? 더 큰 이유는 도와준 일이 잘못되면 이 역시 책임을 져야 하기 때문이다.

자재 불량으로 생산된 제품의 불량 자재를 새로운 자재로 교체하는 작업을 시급히 해야 한다. 생산 라인은 인원 감소로 여력이 없다. 생산 팀장은 품질과 안전 나아가 본사에 지원 요청을 했다. 필요한 시점에 지원된 사람은 한 명도 없다. 공장장에게 보고했으나 이 또한 마찬가지이다. 다들 바쁘다는 이유이다. 결국 납기가 지연되었고, 이에 따른 벌칙금을 회사가 부담해야만 하게 되었다. 불량 자재를 구매한 담당자, 납기를 지키지 못한 생산 팀장에게 중징계가 떨어졌다. 생산 팀장은 곧바로 퇴직했고, 생산 팀장이 되겠다는 사람이 없다. 생산 현장의 젊은 직원들은 하나 둘 퇴직하고, 회사는 계속 원가 절감을 외쳐댄다.

사례2 고객감동을 강조하는 영업회사이다. 고객이 우리의 급여를 주고 있다고 강조하며, 고객의 가치를 올리고, 감동할 수 있도록 고객 접점에서 최선을 다하라고 한다. 이 회사는 매주 외부 업체에 의뢰하여 고객 니즈 조사를 실시한다. 고객 만족도가 떨어지면 원인을 찾고 질책이 이어진다. 고객 만족도가 올라가면 당연한 일이라고 생각한다. 만족도의 변화가 없으면 만족도를 올릴 수 있는 방안을 찾으라고 성화이다. 고객 접점에서 영업하는 직원들에게 지급되는 차량은 없다. 자기 차를 이용하고 영업시간 운행 내역에 따른 거리에 비용을 지급한다. 반드시 일일 마감 보고를 해야만 하고, 현장에서 업무 마무리가 아닌 반드시 사무실에 들어와 일일 마감을 해야 한다. 개인별 매출 실적을 막대그래프로 표시하여 누가 어느 수준인가 알게 하고, 낮은 직원에 대한 특별 교육을 실시한다. 사무실에는 쉴 수 있는 공간은 없다. 사무 효율화로 자기 자리가 없다. 마감을 마치고 팀 회의를 위해 회의실이나 사무실 회의 탁자에 앉아있다 팀장 주변으로 모여 일일 특이 사항 중심으로 보고를 한다. 실적을 달성하면 큰 문제가 없지만, 실적이 없으면 별도 남아 팀장의 질책을 들어야만 한다. 사무실 벽에는 '고객 감동은 우리의 미래다'란 액자가 붙어있다. 직원 만족이 없는 고객 감동이 오늘도 이어지고 있다.

| 변화, 어떻게 이끌어야 하는가?

말로만 하는 변화에는 실행이 없다. 실행이 있다 해도 성과로 이어지지 않는다. 왜 그럴까? 변화와 혁신은 고통이 수반된다. 하지 않으면 안 되는 위기가 느껴지거나, 반드시 해내고 말겠다는 열정이 있어야 한다. 이러한 간절함이 없는 변화와 혁신이 성공하기를 기대하는 것은 요행이다. 기업은 요행이나 운으로 지속하는 곳이 아니다. 진정한 실력이 있어야 하며, 근면 성실은 기본이며 악착같음이 있어야 한다. 새로운 가치와 성과를 창출해 내는 차별화된 경쟁력이 기반이 되어야 한다. 모두가 변하는데 우리만 머물고 있을 수 없다는 의식이 조직과 구성원에게 심어져 있어야 한다.

변화의 첫 단계는 변화의 필요성에 대한 인식의 공유아닐까?
변화해야 한다는 것을 조직과 구성원이 알아야 한다.

2번째 단계는 변화의 바람직한 모습, 비전, 전략, 중점 방안을 수립하는 변화의 큰 그림이다. 2가지 방향이 있을 것이다. 현 상황

대비 바람직한 모습을 그리고 따라잡는 접근 방식, 현재 중요한 문제점의 원인을 찾아 개선하는 접근방식이다. 병행할 수도 있다. 중요한 것은 변화 후 이렇게 달라진다는 것을 제시하는 단계이다

변화의 3단계는 현 상황에 대한 파악이다. 현재 우리가 어느 수준에 있는가를 변화하고자 하는 영역과 항목별로 명확하게 파악하고 있어야 한다. 초등학교 수준에 있는데, 대학생처럼 무거운 짐을 들고 뛰어가라고 할 수 없지 않는가? 변화의 영역 이슈별로 현 수준을 진단하고 분석하여 차이를 명확하게 조직과 구성원에게 설명해야 한다.

변화의 4번째 단계는 실행 계획의 수립이다. 현 상황에 대한 파악의 결과, 해야 할 과제, 내용, 방안들이 선정된다. 이 단계에서는 수준의 차를 어떻게 따라잡을 것인가에 대한 구체적 계획을 수립하는 것이다. 누가, 언제까지 어떤 결과물을 창출할 것인가 분명해야 한다. 실행 계획은 실행 과제별로 언제까지 누가 어떤 결과물을 내며, 어떻게 점검하고 달성할 것인가 명시해야 한다.

변화의 5단계는 실행이다. 실행을 하는 부서와 목표 대비 결과물 중심의 파악, 점검과 피드백을 최소 월 단위로 가져가야 한다. 계획 대비 앞서가면 이에 맞도록 목표를 더 제시하거나 내용의 질을 높이는 활동을 해야 한다. 목표 대비 실행이 미진하면 독려해

야 한다. 미진한 점에 대해서는 원인을 파악하여 빠른 조치가 이루어지도록 해야 한다. CEO의 참여, 주관 부서의 일관성과 지속적 운영 역량, 현업 조직장의 솔선수범에 달려있다.

변화의 6단계는 시스템을 통한 점검과 피드백이다. 사람의 수작업을 통한 자료 수집과 분석은 한계가 있다. 변화의 항목과 내용을 전산화하여 경제성을 높여야 한다. 제대로 된 보고서를 작성하여 CEO에게 주 단위 보고가 올라간다면 금상첨화이다.

08

조직의 이너 서클,
어떻게 조치할 것인가?

| 주인 없는 회사의 이너 서클

오너 회사의 직속 조직인 비서실에서 근무하면 전사적 관점이란 말이 의미가 없다. 하는 일이 전부 전체를 생각할 수밖에 없다. 생산을 담당하다 비서실에 와서 생산만 주장할 수 없다. 전략에 부합하는 가를 살피고, 생산 이후에 영업을 고려하지 않을 수 없다. 내부 역량만 보는 것이 아니라 시장과 고객 입장에서 판단을 해야만 한다. 이익은 당연하다. 이런 고민과 방안이 보고서와 결정에 없으면 CEO의 질책을 받게 된다.

회사를 옮겼다. 처음 듣는 이야기가 주인 없는 회사라고 한다. 무슨 주인 없는 회사? 이곳에 있는 모든 임직원이 주인 아닌가? 우리를 믿고 투자한 주주가 주인이라고 했다. 이론 이야기 말고 현실을 보라며 생활하면 알게 된다고 한다. 두 번째 많이 들은 말이 이너 서클이다. 회사가 친목 모임도 아니고 무슨 이너 서클이냐?

회사는 지속 성장하기 위해 한 마음이 되어 한 방향으로 성과를
내야 하는 조직이라고 했다. 웃는다.

　CEO 임기는 3년이고, 정권이 바뀌면 임기가 남았지만 눈치껏
그만둬야 한다. 지금까지 그랬고 이 굴레는 자신들의 힘으로 끊지
못한다. 상황이 이렇다 보니 새로운 낙하산 CEO는 자신과 함께
일할 사람을 찾게 된다. 전임 CEO가 했던 일을 계승 발전하기 보
다는 새로운 방향, 전략과 과제를 만들고 펼치기 위해 자기 사람
으로 조직을 꾸민다. 자연스럽게 전 CEO와 현 CEO의 진영이 형
성된다. 중요 직책자가 전원 교체된다. 심한 경우, 음지가 양지,
양지가 음지가 된다.

　음지에서 지내다 중요 직책을 맡은 조직장이 새롭게 출발하겠
다며 가장 먼저 하는 일은 환경, 시장, 고객을 읽고 선제적 방안
을 만드는 일이 아니다. 전임자의 폐단을 찾아 개선하는 일이다.
반발이 있으면 우리 편이 아닌 것이다.

　음지로 간 조직장과 직원들은 무슨 생각, 어떤 행동을 하겠는
가? 주어진 직책과 직무에서 성과를 내겠다는 생각보다는 이전의
영향력을 되찾으려는 생각만 있다. 이런 생각으로 뭉친 이들이
만나 하는 행동은 반대를 위한 반대와 자신들의 재집권이다.

　　　　　　　　　　　　　제4장 변화 관리

| 조직의 이너 서클 어떻게 조치할 것인가?

이너 서클이 없는 회사나 기관은 없다. 중소기업은 혈연이라는 막강한 이너 서클이 존재한다. 회사가 중견기업이 되면 혈연보다는 학연, 지연이 더 막강한 이너 서클이 된다. 대기업이나 공기업과 정부조직은 기수와 조직 선후배가 이너 서클의 요인이기도 하다. 이들은 자기가 속한 모임의 이익을 위해 하나로 뭉쳐야 더 큰 영향력을 발휘할 수 있음을 안다. 비록 개인의 신념에 맞지 않더라도 모임이 정한 방향과 정책이라면 한 목소리를 낸다. 문제는 상대 모임을 이겨야 한다면, 상대의 방안이 옳다고 해도 반대를 하게 된다.

조직의 이너 서클을 방지하거나 없애는 방법은 크게 3가지로 살필 수 있다.

첫째, 조직이 지향하는 철학과 원칙을 문화로 가져가는 방안이다.

회사는 역량과 성과 중심으로 가겠다는 원칙을 내재화하고 실천하게 하는 것이다. 채용, 평가, 보상, 승진, 이동과 배치, 퇴직에 이르는 모든 결정이 철저하게 역량과 성과 중심으로 공정하고 투명하게 가져가는 것이다.

둘째, 이너 서클의 요인에 대한 과감한 조치이다.

취업규칙, 입문교육부터 철저하게 학연 지연 혈연을 금한다는 규정과 학습을 통해 내재화하고, 이런 모임을 진행하면 그 모임의 장을 엄벌한다. '좋은 게 좋은 거, 이것쯤이야' 하는 관용이 싹이 되어 뿌리를 내리고 나무가 된다. 뿌리를 깊게 내린 후에 뽑아내기는 어렵다.

셋째, 사내 건전 모임의 활성화이다. 개선 활동, 독서 및 운동 동아리, 봉사 모임, 주니어 보드 모임 등 다양한 조직의 여러 직급자가 모여 활동을 하도록 하는 것이다. 이전 직장에서 지역 주민과 함께 초등학생 대상의 학습 모임을 진행한 적이 있다. 수학을 가르쳤는데 1년 동안 매우 의미 있었고 지역 주민과 함께 하여 기업 이미지를 올리는 계기가 되었다.

회사도 사람과 사람이 만나 관계를 맺는 곳이다. 조금 더 함께 하고 싶은 사람이 있다. 좋은 관계를 유지하는 것은 바람직하다. 하지만, 관계가 이익 집단이 되는 것은 곤란하다. 우리는 이의 폐단을 너무나 잘 알고 있지 않은가?

09

월급 루팡

| 월급 루팡이 회사에 미치는 영향은 무엇인가?

우리가 월급 루팡을 경계해야 하는 이유는 이들이 낮은 열정과 저 성과로 조직과 구성원에게 피해를 주고 전염시키기 때문이다. 월급 루팡의 유지결과는 그 동안 쌓아온 신뢰를 잃게 하고, 나쁜 이미지가 타 팀원에게 전파된다.

결국 성과로 인정받고 싶은 일 잘하는 직원들은 가치를 제대로 평가받기 위해 부서를 옮기거나 이직을 고민하게 된다. 월급 루팡을 방치하면, 타 직원들도 나만 열심히 할 필요가 없다고 생각해 조직 전체의 성과와 열정이 사라지게 된다.

노동시장의 유연성이 높은 미국이나 유럽 기업들은 '회사가 훌륭한 제품을 만들고, 고객에게 제때, 제대로 서비스를 하고 있다면, 그 이상의 어느 것도 직원들에게 해줘야 할 의무를 지지 않는다.'는 생각으로 인사를 한다.

이들은 회사의 제품과 서비스의 경쟁력이 인력에 의해 떨어지면, 대규모 감원을 실시한다. 이익을 내더라도, 필요에 따라 인력 감원을 진행한다. 회사와 팀의 성과에 기여할 수 없는 기술을 가지고 있는 사람이라면, 그 기술을 활용해 성과를 낼 수 있도록 기회를 주는 것이 회사와 개인에게 도움이 된다고 생각한다. 구글을 비롯해, 아마존, 메타, 애플 등의 기업들은 도덕적 해이를 일삼는 월급 루팡을 그대로 방치할까? 회사의 실적과 관계없이 그들은 단호하게 감원 대상으로 가져간다.

최근 중국 기업들 사이에서는 不休(불휴), 不睡(불수), 不回家(불회가)는 말이 유행한다. 즉, 쉬지도 자지도 않고, 집에 가지 않는다는 뜻이다. 치열한 중국의 기업문화를 대변한다.

일본 기업이 과거 우리나라 기업의 도약을 두려워했다. 지금 일본 기업은 한국 기업에게 말한다. 우리가 경계하는 것은 너희가 아닌 중국기업이다. 꿈과 열정을 잃어가는 이런 상황이라면 대한민국의 어떠한 기업도 글로벌 경쟁에서 살아남기 힘들다.

| 많은 기업들이 월급 루팡을 해결하기 위해 나름대로 노력을 하는데, 왜 계속해서 늘어날까?

우리 기업의 경우, 월급 루팡을 기업이나 개인 차원에서 적극

대처하지 못해, 월급 루팡이 자기의 현 위치를 모르고, 자기 합리화를 확산하기 때문에 증가되는 것 아닌가?

팀에서 가장 역량과 성과가 떨어지는 고참 직원이 있다. 나이도 팀장보다 3살 위이고 성격이 불같다. 팀장도 불편해 열심히 하고 있는데, 좀 더 성과를 내주면 고맙겠다고 돌려서 말한다. 이 직원이 타 직원에게 "이 정도 하면 된다고 하네." 하고 말하고 다닌다. 일도 안하고 급여가 높으면, 팀원들은 무슨 생각을 할까?

자기 자신의 현 위치를 제대로 파악하고 있지 못하면, 자신의 나쁜 습관이나 행동이 회사 전반에 악영향을 미칠 수 있다는 것을 모를 수 있다.

이들은 자신이 받은 평가나 평판에 대해 "왜 내가 이런 대접을 받아야 하나? 나는 잘 하는데 회사나 제도가 문제야" 라고 자기변명이나 합리화를 하며 불만을 확산시킨다.

이를 방치하면 실망한 팀원, 동조하는 팀원이 생겨 월급 루팡이 늘어날 가능성이 높다.

| 어떻게 해야 가장 효과적으로 월급 루팡을
　줄여 나갈 수 있을까?

일하기 좋은 초일류 기업이라는 자부심을 갖고 월급 루팡이란 의식 자체가 없도록 해야 한다.

이를 위해 **첫째, 리더의 역할이 가장 중요하다.**

리더가 직원 개개인에게 관심을 갖고 진정성 있게 성장시키려는 마음을 적극 표현하여 월급 루팡이 존재할 수 없는 근무 환경을 만드는 것이다.

리더라면 주 단위 발표와 피드백, 월 단위 개별 면담을 지속적으로 실시해야 한다고 생각한다.

먼저 발표는 리더(팀장 또는 그룹장)이 매주 ① 목표 대비 주간 업적 실적, 목표 이외의 업적 실적 ② 역량 향상을 위해 노력한 결과 ③ 잘한 일 3가지 ④애로 및 건의사항의 전체 발표를 하는 것이다. 명확하게 자신의 업적, 역량, 잘한 점, 애로 사항 발표를 통해 누가 어느 상황인가 현실을 알게 하는 효과가 있다.

월별 개별 면담 역시 월별 업적, 역량, 잘한 점 3가지, 애로 및 건의 사항으로 30분 내로 전원 면담을 가져가는 것이다.

리더는 좋은 사람이 아닌 조직과 개인의 가치를 올려주는 사람이다. ①직원이 자신의 위치를 분명히 알게 하고, ②목표에 따른 과제의 실행 여부, ③새로운 업무 부여와 방향성 제시, ④역량에 따른 점검과 피드백으로 성장과 성과를 촉진하여 ⑤개개인의 경쟁력을 올려주며 자부심과 성취감을 느끼게 해줘야 한다.

둘째, 강력한 제도와 조직문화의 실행이다.

제도적 측면은 인력 유형별 관리를 통한 성과 중심의 제도이다.

우수 핵심인력은 발탁과 보상을 통해 더 높은 수준의 과제에 도전하고 고 성과를 창출하도록 가져가야 한다. 발탁 승진제도, 핵심인재 인센티브, 경영층의 인정과 칭찬 제도, 도전 과제 수행, 명예의 전당 등이 이에 포함된다. 직원들은 나도 우수 핵심인력이 될 수 있다는 생각으로 꿈과 열정을 다하도록 하는 것이다.

월급 루팡과 같은 저성과 인력은 기회를 주고 개선 의지가 없을 때에는 징계와 퇴출을 해야 한다. 우리 회사에 맞지 않지만, 다른 곳에서 자신의 꿈과 역량을 펼치도록 기회를 주는 것이다.

조직문화 측면은 '전 임직원이 일에 대한 자부심, 정체되지 않고 성장, 직장 생활하는 것이 재미있다.'고 말하도록 이끌어야 한다. 핵심가치 기반의 내재화와 체질화를 지속적으로 실행하고 강화해 가야 한다. 현장 완결 조직이 되도록 일하는 생각과 방식을 전환해야 한다. 심리적 안정감을 기반으로 한 열린 소통은 기본이다.

회사는 지속 성장하여 후손들에게 100년 기업의 옥토를 유산으로 남겨 주어야 한다.

10

왜 CEO의 의사결정이 시장과 고객을 대변하지 못하는가?

| 현실을 반영하지 못하는 의사결정

A영업 지점장은 걱정이 많고 답답하다. 매장의 물건이 팔리지 않아 재고가 쌓여가고 있다. 고객은 제품의 디자인과 품질에서 경쟁사 제품에 비해 낮은 평가를 하고 있는 상황이다. 하지만, CEO는 "우리 제품이 기능과 가격 면에 강점이 있어 고객의 예상 구매율이 높다."며, "기존 매출 수량의 2배를 판매하라"고 한다.

전 직원이 50명밖에 되지 않는 회사이다. 사장이 불러 가니, 핵심 인재에 대한 관리가 중요하다며 회사의 핵심 인재가 누구이며, 어떻게 유지 관리해야 하는가 묻는다. 향후 임원이 될 수 있는 팀장 2명과 과장 이상 중 역량과 성과가 뛰어난 4명을 말했다. 별도 제도를 만들기보다는 개별 관리하는 것이 바람직하다고 건의했다. 사장은 핵심 인력의 선정과 유지 관리는 회사 경쟁력의 원천이라며 제도를 만들어 선발과 유지관리를 추진하라고 한다. 50명밖에 되지 않는 직원을 잘하는 직원과 못하는 직원을 구분해 비교 갈등을 야기하는 것은 회사에 피해를 야기한다고 건의해도 막무가내이다.

왜 CEO는 시장이나 고객이 원하는 현실에서 벗어나 의사결정을 하거나, 바보가 아니면 할 수 없는 결정을 하여 회사에 피해를 초래하는가? 최종 의사결정자가 현장에 나가 시장의 변화와 고객의 니즈를 살피지 않았기 때문 아닐까? 회사 공장이나 사무실 현장에 가서 담당자의 생각이나 의견을 묻고 실제 발생되는 현실을 알지 못해서 아닐까? 교수나 저명인사를 만나 그 말에 현혹되어 우리도 하면 된다고 생각하는 것 아닐까? 책상에 앉아 관리자나 임원들이 정리된 보고서에 전부 의존하는 것 아닐까?

| 어떻게 의사결정을 해야 하는가?

GS칼텍스 근무할 때이다. 영업 본부장에게 결재 승인을 받기가 쉽지 않았다. 경영 회의가 있는 월요일을 제외하면 항상 여직원에게 본부장의 일정을 문의해야 했다. 1주일에 3일은 현장을 방문하거나 고객을 만난다. 지방 출장이 많기 때문에 대부분 메일이나 문자로 중요 내용을 요약 보고한다. 사무실에 근무할 때 결재를 받으러 가면 20페이지 이상 되는 보고서를 신속하게 보며 정확하게 핵심을 파악한다. 무엇이 문제이고, 얻고자 하는 바와 회사의 성과를 명확하게 묻는다. 답변이 만족스러우면 결재를 한다. 빠르게 보고서를 보면서도 자신과 생각이나 자료가 다른 부분이 있으면 확인한다. 본부장의 생각과 판단은 수많은 현장 직원, 시장과 고객과의 대화에서 파악된 정보와 자료에서 비롯한다. 현장을 제대로 파악하여 작성된 보고서라면, 본부장의 시각과 일치한다. 하지만, 이론 중심의 담당자 생각만 담긴 보고서는 본부장의 결재를 득하기 어렵다. 본부장은 항상 현장을 보라고 한다.

어떻게 의사결정을 해야 하는가?

첫째, 현장 또는 현황을 명확히 파악하고 있어야 한다.

대부분 기업의 현실은 CEO가 사무실에 앉아 일 처리를 하면서 현장 정보와 자료는 전부 담당자 수준에서 파악된 것을 보고받는다. CEO의 현장에 대한 수준이 담당자와 같다. 가게의 판매 수량, 진열, 잘 팔리는 곳에 관심이 많은 담당자가 시장 전체의 흐름과 가게 사장들의 니즈를 파악하기는 어렵다. 현장의 구체적인 정보와 자료가 없거나, 실상을 모르는 상태에서 내려진 결정이 옳을 수 있겠는가?

둘째, 과감한 의사 결정 권한 위임이다. CEO가 모든 의사 결정을 하는 것은 아니다. CEO가 의사결정을 하는 자리라고, 사전 조율이나 협의 같은 일을 하지 않고 의사 결정만 한다면 어떻게 되겠는가? 이보다는 CEO가 내려야 하는 의사 결정 사항들을 경영자, 관리자, 담당자가 결정을 내리고 실행하게 하는 것이 더 바람직하지 않을까? 권한 위임이라고 한다. CEO가 해야 할 의사 결정은 미래 달성해야 할 모습을 그리고, 큰 방향이나 틀을 제시하는 것 아닌가? 경영자와 관리자가 결정할 수 없는 획기적이며 선제적 투자이다. 최고 의사결정자가 담당자처럼 A~Z까지 모든 사안에 대해 결정을 내리고 실행한다면 경영자와 중간 관리자는 담당자가 되어 시키는 일만 하는 모습이 된다. 과감한 권한 위임으로 경영진과 관리자가 동기부여 및 실행력을 높이고, 성장의 계기가 되도록 해야 한다.

셋째, 임직원의 의사 결정에 대한 역량을 올려주는 노력이다. 우리는 흔히 의사 결정은 리더가 하는 중요한 일이라고 한다. 리더가 하는 일 중 가장 중요한 일이 의사 결정이다. 하지만, 리더만 하는 것은 아니다. 담당자부터 주어진 일에 대해 자료를 수집하고 분석하는 등의 수많은 의사 결정을 수행한다. 의사 결정을 하는 회사만의 기준과 방식이 있다면 어떨까? 이러한 기준과 방식을 신입 사원부터 체계적으로 육성해 내재화하고 업무에 반영되도록 해야 한다. 생각과 일하는 방식에 있어 동일한 기준과 방식을 가지고 있는 회사는 경쟁력이 있다.

11

왜 소통하지 않는가?

| 침묵이 답이다

A회사의 경영회의는 사회자와 CEO의 발언만 있다. CEO가 회의장에 들어오면 사회자가 개회를 알린다. 토의주제가 별도 정해진 것이 없다. 8명의 본부장이 돌아가며 주간 실적과 계획에 대해 발표한다. 아무도 질문이 없다. 분위기를 보며 정해진 순서에 의해 발표만 하면 된다. CEO가 중간에 궁금한 점을 질문한다. 하당 본부장이 답변한다. 질문 내용에 대해 이해가 되지 않거나 모르는 경우, 별도 보고를 한다고 한다. 모든 본부장의 발표가 끝나면 사회자가 CEO 말씀을 듣겠다고 한다. CEO는 전사 과제의 추진 현황, 환경 변화, 함께 고민할 이슈 등에 대해 간략한 자신의 입장을 말하고 의견을 말해달라고 한다. 모두 침묵을 지킨다. 각 본부의 주간 업무 실적과 계획, CEO의 요청에도 아무런 질문이나 답변이 없다. 당연히 경영회의에 타 부서에 대한 제언, 주제에 대한 이견이 있을 수 없다. CEO도 이러한 침묵의 분위기에 익숙한 듯, 답변이 없으면 일방적 지시 사항을 전달하고 회의를 마치자고 한다. 경

영회의에서 집단 지성으로 새로운 가치가 창출되는 경우는 없다. 이런 경영회의를 왜 하는가? 왜 본부장들은 침묵으로 일괄하는 것인가?

회의 시 소통하지 않는 이유는 크게 3가지로 볼 수 있다.

- 말을 했을 때, 불이익(피해)을 볼 수 있다는 생각
- 자신의 일이 아니면 나서지 말고 튀지 말아야 한다는 등의 고착된 조직 문화
- 회의 주제와 내용에 대해 몰라서

많은 기업에서 소통을 힘들어하며 열린 소통이 되길 희망한다. 소통 활성화를 위해 노력을 하지 않는 기업은 없다. 하지만, 소통이 잘된다는 회사는 적다. 왜 소통이 안 되는 것일까?

① **상사의 일방적인 결정, 지시 등의 리더십이다.** 모든 것을 상사가 결정한다. 직원의 의견을 들으려 하지 않고 일방적으로 지시를 내린다.

② **상대에 대한 이해 부족이다.** 중요한 과제를 수행하는데 상대의 원하는 수준이나 니즈, 직무의 지식·경험·성숙도에 대한 이해, 상대의 성격 등에 대한 이해 없이 소통하는 경우이다.

③ **직 간접적으로 알고 있는 상대에 대한 선입견이다.** 대면 보고를 좋아하는 상사인데, 시간 낭비를 싫어하고 빠른 의사결정을 좋아한다는 선입견으로 전자 결재 또는 서류 결재 방법을 택하는 경우이다.

④ **일과 사람에 대한 선호도이다.** 좋아하고 싫어하는 것이 분명하여 자신이 좋아하는 일과 사람에 대해서는 매우 우호적이지만, 싫어하는 일과 사람에 대해서는 의도적으로 꺼려하는 경우이다.

소통이 안 되는 경우, 단순히 안 되는 것으로 끝나는 것이 아닌 성장이나 성과에 매우 부정적 영향을 주며, 조직과 구성원 전체에 전염시키기 때문에 방치할 수 없는 과제이다.

| 어떻게 소통을 활성화할 것인가?

소통이 잘되는 회사를 살피면, 여러 특징이 있다. 읽고 있는 책 '파워풀'에서도 넷플릭스의 성장의 비결은 사람 + 소통이다. 도전에 대한 소통, 솔직함, 격렬한 토론을 이 책에서 강조한다.

소통을 잘하는 기업의 특징을 5가지로 살펴보았다.

첫째, CEO의 철학과 원칙이 반영된 리더십이다. CEO부터 열린 소통을 해야 한다. 현장에 답이 있다는 생각으로 시장, 고객, 조직 현장을 누비며, 생생한 이야기를 듣고, 현장을 반영한 결정을 내린다. 모든 회의에서 발표자의 발언을 충분히 경청한 후 의사결정을 한다. 주 1회 이상의 구성원과의 소통 채널을 통한 직간접 대화를 한다면 소통이 안 될 수가 없다.

둘째, 회사의 사업과 경영 현황에 대한 임직원의 이해이다. 직장인으로서 자신이 속한 회사의 사업, 경영 여건을 모르고 생활하는 것에 대해 어떻게 생각하는가? 사업의 본질과 밸류 체인, 시장과 고객의 인식과 동향, 경영 현황, 향후 전략에 대한 전 구성원의 이해는 한 방향 정렬의 기본 중 기본이다.

셋째, 심리적 안정감을 기반으로 한 조직 분위기 구축이다. 우리 회사는 언제 어디서나 누구에게나 열린 소통을 할 수 있고, 이로 인해 피해를 보지 않는다는 문화 구축이 기반이 되어야 한다.

넷째, 소통 활성화를 위한 회사의 그라운드 룰이다. 소통의 저해 요인 또는 소통 활성화를 위해 DO, Don't의 입장에서 5~7개 정도의 그라운드 룰을 만들어 이것은 반드시 실천하도록 내재화하고 체질화 하는 것이다.

다섯째, 회사의 소통 수준에 대한 점검과 피드백이다. 매년 소통 진단을 통해 추이를 분석하고, 잘하는 부서와 대상, 못하는 조직과 대상을 구분하여 유형별 관리를 해 나가야 한다. 진단, 컨설팅, 교육, 인정과 칭찬, 보상 등의 여러 제도와 연계하여 일관성 지속적으로 추진해 나가야 한다.

중요한 것이 있다면, 중요성에 부합하도록 시간, 노력, 비용을 더 쏟아 가치를 창출하고 성과를 더 높여 지속적으로 이끌어 가야 한다. 소통의 활성화는 회사의 지속 성장과 성과 창출에 매우 큰 영향을 주는 중요한 과제이다.

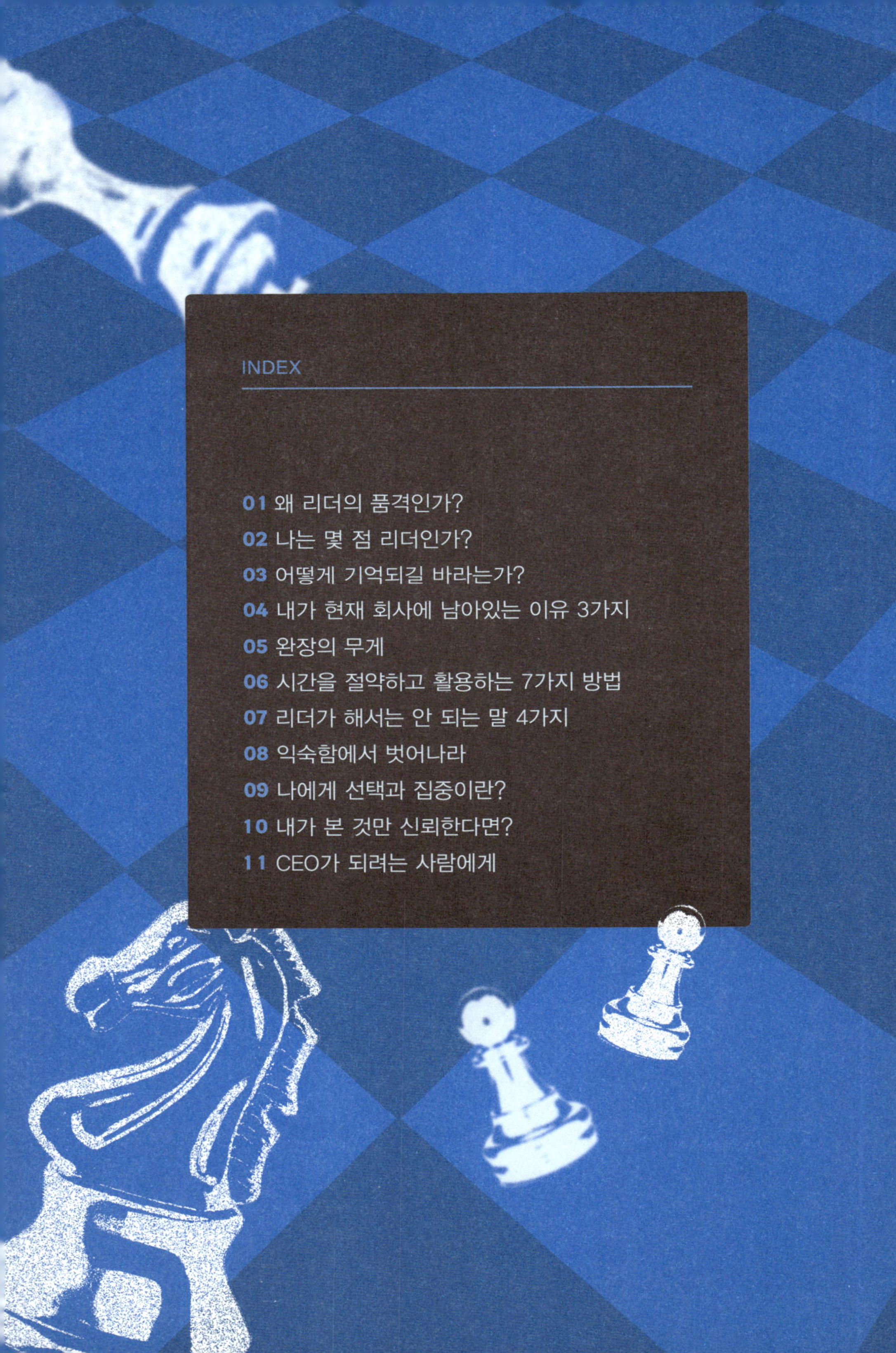

INDEX

자기 관리

01

왜 리더의 품격인가?

| 면책권 있는 사람들의 막말과 거친 행동

어릴 적부터 예의범절과 기본을 지키고 남에게 피해를 주지 말라고 배웠다.

높은 직책이나 직급에 오를수록 더 겸손하고, 품격을 갖춘 마음가짐과 언행으로 타의 모범이 되어야 한다. 대한민국의 성인이라면 이 말을 한 번 이상 들었을 것이고 옳다고 생각할 것이다. 하지만, 높은 직책에 있거나 존경받는 자리에 있는 사람들이 다들 이를 행하고 있다고 생각하지 않는다. 왜 그럴까?

사회와 국민에게 영향을 주는 높은 직책은 무엇일까?

첫째, 정부 주요 직책이라면 입법, 사법, 행정 3권 분립의 측면에서 살피면 되지 않을까?

- 입법 기관은 법률을 제정하고 수정하는 역할을 담당하며, 통상 국회라고 하며, 가장 영향력 있는 직책은 국회의원이다.
- 사법기관은 법에 따라 사건을 판단하고 법률을 시행하는 역

할로 법원이라고 한다. 재판을 하므로 판사와 검사가 가장 영향력 있지 않을까?

– 행정기관은 국가 또는 지방자치단체의 행정 사무를 맡아 보는 기관으로 영향을 주는 높은 직책은 정부와 지자체의 고위 공무원인 국장 이상으로 보면 되지 않을까?

둘째, 기업이나 기관을 보면, 맡은 바 역할이 무엇인가에 따라 영향력은 달라진다. 갈수록 언론의 영향력이 주는 파급효과가 크다. 기업도 그 규모와 사업에 따라 영향력은 천차만별이다. 기업이나 기관은 소위 임원이라고 하는 경영진이 높은 직책의 사람일 것이다.

셋째, 학교 조직도 빠질 수 없다. 학교 현장의 교장, 교육감, 대학 총장이나 처장들이 주는 영향력도 무시할 수 없다.

이들이 영향력을 행사하는 것은 자신이 담당하는 일을 통해서도 있지만, 대중 매체와 연계하여 그 영향력을 더욱 확산하기도 한다. 이 과정에서 어떤 생각과 행동을 했는가에 따라 평가는 달라진다. 겸손하고 품격을 갖춰 말과 행동을 하는 사람들은 보이지 않고, 강하고 거친 표현, 때로는 저속한 말을 하는 사람이 더 인정받는 세상이 되면 이 나라의 내일은 어떻게 될까? 이러한 행동에 영향을 받은 어린 아이들이 존댓말을 사용하고 예의범절을 지키는 것이 아닌 반말, 반항적 행동, 질서를 파괴하는 태도를 보이면 무관심으로 일관할 것인가?

면책권 있는 사람들의 막말과 거친 행동을 우리는 언제까지 피곤하게 보고 들어야 하는가?

| 살며 어른답지 못한 많은 모습

매년 그 해의 목표를 정하며 '어떤 어른으로 기억되고 싶은가?' 생각한다.

작년보다는 나은 올해 무엇을 할 것인가 고민하면서 스스로에게 부끄럽지 않은 자신을 다짐한다.

더 많은 이익, 물질적 추구보다는 조금은 더 배려하고 봉사하며 마음 속 여유를 갖는 하루를 기대한다. 이러한 생각이 행동으로 실천되지 않음을 알기에 매일 아침 성찰을 통해 다짐하고 조심스럽게 행한다.

주변을 돌아보면 자기관리가 되지 않아 어른다운 모습을 보여주지 못하는 경우를 접하게 된다.
- 역 주변, 지하철에 구걸하거나 쓰러져 자고 있는 사람
- 험한 말과 행동으로 피하게 하고 두려움을 주는 사람
- 술에 취해 대로에서 소변을 보며 큰 소리로 소리치는 사람
- 자신의 차례가 아님에도 끼어들고 미안함도 없는 사람
- 자신의 것이 아님에도 독점하여 타의 이용을 못 하게 하는 사람

- 거짓을 일삼으며 이익을 추구하는 사람
- 이익을 위해 타인의 아픔은 생각조차 하지 않는 사람
- 자신의 잘못은 반성하지 않고 남의 발목을 잡고 방해하거나 모함하는 사람
- 남의 것을 훔치거나 뺏고 상처를 주는 사람

여기에 기술할 수 없을 만큼 수많은 어른스럽지 못한 행동들이 있다.

| 어떤 사회가 되어야 할까?

첫째, 부끄러움을 알아야 한다. 자신의 생각과 행동이 사회 윤리와 가치에 부합되는가 판단할 수 있어야 한다. 잘못된 행동에 대해서는 잘못을 알고 반성하며 책임을 다해야 한다. 잘못이나 실수에 부끄러움을 알고 하지 않아야 한다. 국가 사회를 이끌어가는 법 못지않게 사람이 행동하거나 판단할 때 마땅히 지켜야 할 규범이 있어 이를 행해야 한다. 지금 우리가 따라야 할 규범은 무엇인가?

둘째, 신뢰를 주는 사회가 되어야 한다. 자신의 역할에 최선을 다하고 서로 믿고 존중해야 한다. 높은 사람에게는 예외이고, 일반 국민에게 가혹한 사회라면, 아이들에게 무엇을 강조하며 가르치겠는가? 수단과 방법을 가리지 말고 1등이 되고 높은 직책에

251

올라가라고 강요하고 이끈다면 신뢰가 유지되며 사회의 질서와 정의가 실현되겠는가?

셋째, 이제는 어른들이 어른다운 생각과 언행으로 품격을 지키며 모범이 되어야 한다.

기업에서는 직원들이 리더가 어떤 언행을 하는가를 바라보며 그대로 행한다. 리더가 솔선수범, 정도 경영, 강한 실행의 모범을 보이면 직원들은 헛된 생각과 행동을 하지 않는다. 이는 다른 조직에서도 마찬가지 않을까? 사회 각 계층의 지도급 리더가 리더 다운 생각과 언행으로 품격을 지키고 모범을 보인다면, 주변부터 변하고 나아가 사회 전체가 좀 더 바람직한 모습으로 변하지 않을까?

모든 조직이 리더의 선발과 유지, 육성, 점검과 퇴출에 중점을 두어야 하는 이유이다.

02

나는 몇 점 리더인가?

| 리더의 리더십에 대한 인식

멘티들에게 자신의 직속 상사 점수를 100점 만점에 몇 점 그리고 그 이유를 물었다. 30점 이하부터 90점까지 다양했다. 가장 낮은 점수를 준 멘티는 직속 상사를 신뢰할 수 없다고 한다. 앞뒤 말이 다르고, 조직 간 갈등을 유발하며, 직무에 대한 전문성은 없으면서 무조건 하라고 한다. 반면, 80점 이상의 상사에 대해서는 신뢰가 기반이 되어 있다. 배울 점이 많다고 한다. 같은 상황에 자신이 할 수 없는 생각과 행동으로 일 처리하는 것을 보며 존경할 수밖에 없다고 한다. 100점이 아닌 것은 자신이 부족하다고 한다.

LG경제연구원에 따르면 우리나라 직장인의 리더에 대한 만족도는 100점 만점에 44.1점에 불과하다고 한다. 그 이유는 무엇일까?

리더가 기대하는 직원은 자주 찾아와 이런저런 이야기를 해 주며, 스스로 일을 기획하고 성과를 창출하며, 주변 동료와 함께 일하는 모습이다. 시켜야만 일을 하고, 자신의 일만 관심을 갖고, 소위 말해 '내가요? 이걸요? 지금요? 왜요?'를 묻는 직원을 설득할 여유도 없다. 자신과 비교한다. 자신이 신입사원 때에는 일을 통해 배우는 것이 좋았다. 선배와 상사가 일을 부여하면 보다 잘하려고 물어가며 배우며 일을 마무리했다. 요즘 직원들은 물으려 하지 않고 배우려 하지 않는다. 누군가는 해야 할 일이기에 조금 여유 있는 직원에게 요청했는데, 내가 왜요? 라는 말을 들으면 당황스럽다.

직원이 기대하는 리더는 전문성을 갖고 방향 제시와 의사결정을 명확하게 해 주고, 공정하게 조직과 사람을 대한다. 직원의 육성에 관심을 갖고 동기부여 시켜주고, 높은 성과를 내며 따뜻한 면을 강조한다. 리더가 주관 없이 이랬다저랬다 윗사람의 지시에 흔들리는 모습에 실망한다. 윗사람에게는 비굴할 정도로 고개 숙이고, 직원들에게는 고자세로 목소리 높이고 심한 막말을 하는 모습을 혐오한다. 1년에 책 한 권은 읽는지 모르겠고, 만나는 사람은 전부 회사 사람이다. 회의비 대부분을 전부 혼자 사용하며, 직원을 위해 단 돈 1원도 사용하는 적이 없다면 누가 좋아하겠는가?

전혀 모르는 사람에게 자신의 회사, 부서, 상사에 대해 좋게 이야기하는 직장인은 몇 %일까? 사람들은 자신이 속한 조직과 함께 지내는 사람의 장점을 보기보다는 단점을 더 보며 간직하는가 보다. 아무리 좋은 직장을 다녀도 만족하지 못하고 떠난다. 밖에서 크게 인정과 존경을 받는 분과 함께 근무하는 직원이 상사인 그분에 대한 불만을 토로한다. 신입사원 시절, 사수였던 선배가 늘 강조했던 말이 생각난다. "언제 어디서나 누구에게나 회사, 함께 하는 사람, 자신의 일에 대해서는 절대 나쁜 말을 하지 마라" 이런 말을 하며 실천하는 선배와 상사와 함께 근무하고 있어도 만족도가 떨어질까?

| 나를 평가한다면 몇 점일까?

리더를 평가하는 기준은 무엇일까? 결국 리더가 제 역할을 하는가에서 출발해야 하지 않을까? 리더의 역할이 무엇이냐 묻는다면 무엇이라고 할 것인가? 리더의 직책과 직무에 따라 차이가 있을 것이다. 오너 CEO가 아닌 팀장 이상 본부장으로 범위를 축소한다면 크게 5가지 역할을 강조하고 싶다. 방향제시, 의사결정, 육성, 한 방향 정렬, 성과창출이다. 이를 기준으로 한 10가지 체크리스트에 각 10점 만점으로 자신 또는 자신의 상사 점수를 매겨 보자.

자신의 점수가 90점 이상이며, 구성원들이 자신에 대한 점수가

① 3년 후 비전을 제시하며 내재화 시키고 실천하게 한다.

② 변화의 방향을 명확히 인지하고 선행 조치를 취한다.

③ 사업과 회사에 대해 잘 알고, 문제를 개선하고 올바른 결정을 한다.

④ 상사의 의중을 사전에 파악하고, 함께 일할 사람을 한 곳에 모아 한 번에 의사결정을 한다.

⑤ 자신이 내린 결정과 일에 대해서는 끝까지 책임을 진다.

⑥ 주어진 일에 대해 미션 실행과 솔선수범으로 성과를 창출한다.

⑦ 조직과 구성원을 신뢰하고 항상 관심을 갖고 소통하려 노력한다.

⑧ 개인 경력 개발뿐 아니라 조직 학습에 많은 노력을 경주한다.

⑨ 후계자를 사전에 선정하고 강하게 육성하며 자신보다 더 높은 성과를 내게 한다.

⑩ 자기관리에 철저하며 회사, 제품, 함께 하는 사람의 가치를 높인다.

90점 이상이면 매우 뛰어난 모범적 리더이다. 만약, 전체 점수가 50점 미만이거나, 어느 한 항목이 2점 이하인 경우에는 상사와 주변 동료 나아가 외부 전문가의 도움을 받아 자신의 역량을 강화해야 한다. 현 자리에서 제 역할을 하지 못하는 사람에게 보다 높은 수준의 역할을 부여할 회사와 경영자는 없다.

03

어떻게 기억되길 바라는가?

| 상사에 대한 기억

좋아하는 상사와 실망스러운 상사의 특징은 무엇일까?

좋아하는 상사의 특징 10가지를 적어본다.

① 가고자 하는 방향이 정확하여, direction도 정확히 내려준다.

② 부하직원의 역량 향상을 중요시 여긴다.

③ 적절한 권한 부여 및 위임을 한다.

④ 부하의 의견을 믿고 용기를 내게 한다.

⑤ 다름을 인정하고 의견을 존중해 준다.

⑥ 본인이 맡은 직무전문성이 뛰어나다.

⑦ 부하 직원에게 세세하게 코칭을 해준다.

⑧ 상사와 직원들에게 관심을 갖고 매사에 솔선수범한다.

⑨ 한쪽으로 치우쳐 있지 않고, 전사적 관점에서 일한다.

⑩ 소통 역량이 뛰어나다.

반면 실망스런 상사는 이기주의, 무원칙·무 논리, 과격하고 상처 주는 언행, 책임 회피·전가, 부정행위 등을 하는 상사 아닐까? 재미있는 것은 존경하는 상사에 대한 기억보다는 상처 준 상사를 오래 기억하며, 이들에 대한 상처가 쉽게 가라앉지 않는다는 점이다.

직장생활을 하면서 나는 어떻게 기억되고 있고, 기억되길 원하고 있는가?

상사를 판단하는 기준은 무엇인가?

한 가지 면을 가지고 사람을 본다면 편협 가능성이 높다. 물론 그 한 가지가 인성, 전문성과 같이 매우 큰 영역의 특징이라면 상사를 판단하는 수단이 될 수도 있다. 하지만, 인성과 전문성 두 축으로 상사를 보면 어떨까? 인성과 전문성 모두가 뛰어난 상사, 인성은 좋지만 전문성이 떨어지는 상사, 인성은 나쁘지만 전문성이 좋은 상사, 인성과 전문성이 모두 떨어지는 상사로 좀 더 명확해진다. 여기에 하나의 축을 더하면 부하육성이다. 그리고 하나 더 하면 소통역량이다. 2개의 축으로 보는 것과 4개의 축으로 보는 것은 다를 것이다. 하나의 축에 장점과 단점을 비교하면 그 판단의 내용은 보다 광범위해지고 객관화될 수 있다.

7가지 축으로 장점과 단점을 중심으로 존경하는 상사와 실망스러운 상사의 행동을 정리하였다. 문항은 상사이지만, 그 대상자를 놓고 대상자의 상사, 본인, 직원으로 다면 평가를 하여 7가지 축의 장단점으로 비교 판단을 했을 때, 몇 점인가 결정해 보자.

1축은 비전으로 비전 제시를 하는 상사 vs 비전 없이 단기성과만 강조하는 상사이다.

① "우리는 이렇게 간다. 방향을 먼저 제시하며 파이팅 할 때"

② "기존 일의 유지·개선보다는 새로운 일, 성장에 대한 시도에 치중할 때"

③ "앞으로 무엇으로 먹고 살지 확신을 주지 못하고, 그저 열심히 하라고 할 때"

④ "장·단기 관점을 모두 강조하지만 실질적으로는 단기 관점의 의사결정 때"

2축은 통찰력으로 장기 관점의 통찰력 vs 김 부장, 정 대리와 같은 실무 형이다.

① "미처 생각지 못한 큰 그림의 중요한 부분을 바로잡아줄 때"

② "내부보다는 외부 이슈에 관심, 하던 대로가 아닌 새로운 issue를 제기할 때"

③ "업무에 대해 핵심이 아닌 세세한 내용까지 관여할 때"

④ "해당 본부 책임자 입장에서만 생각, 전사 관점과 경영자 관점에서는 생각 안 할 때"

3축은 전략으로 핵심파악 'Smart Work' vs 핵심파악 부재

'Hard Work'이다.

① "전체 방향과 전략을 귀신처럼 캐치하는 스마트한 모습"

② "실패 위험에도 불구하고 책임지겠다며 중요한 결정을 내릴 때"

③ "전략, 방향을 챙기기보다는 세부 숫자만 가지고 계속 일을
다시 시킬 때"

④ "전략의 중요성을 강조하지만, 정작 방향과 내용의 구체성이
없을 때"

4축은 윤리로 직원들도 다 본다. 롤 모델이 될 것인가? vs 뒷담화를 들을 것인가?

① "바른 일을 하고 있다는 믿음을 줄 만한 윤리적 행동을 할 때"

② "믿고 따라도 되겠다 싶은 청렴한 인품을 가진 임원"

③ "양심이나 이치에 맞지 않는 행동을 할 때"

④ "업무상 일이 아닌 것 같은데 법인카드를 남용할 때"

5축은 의사소통으로 소신 있는 의사소통 vs 윗사람 의중에 대한 지나친 고려이다.

① "최상위층의 의중을 제대로 파악하고 소신을 가지고 지시할 때"

② "구성원들이 어려워하는 부분에 인간적인 소통 및 편한 대화
의 기회를 줄 때"

③ "소신에 따라 설득하기보다는 위에서 시키는 대로 결정을 내
릴 때"

④ "다른 사람의 의견을 경청하지 않고, 잘못된 점만 지적할 때"

6축은 부하 육성으로 배움을 주는 사람 vs 요령을 알려주는 사람이다.

① "함께 일하고 나면 넓은 시야 등 많은 것을 배웠다고 느낄 때"
② "신뢰가 바탕이 된 칭찬·격려 속에 핵심을 찌르는 업무 지적·가르침이 있을 때"
③ "일에 대한 실수를 가지고 성격이나 자질까지 언급할 때"
④ "직원의 개성을 이해 못하고, 모난 돌이라며 정으로 쫄 때"

7축은 네트워크로 Wi-Fi 형 vs 회사 빨대 형이다.
① "외부에 다양한 활동을 하며 회사의 이미지를 대변할 때"
② "업무 내외로 다양한 교양과 주제를 가지고 계실 때"
③ "외부 세미나에 얼마나 참여하고, 책은 몇 권 읽으시는지 묻고 싶을 때"
④ "회사 임원들, 상사와의 저녁식사에 참석하는 것이 고객, 외부기관 약속보다 우선시될 때"

직장을 퇴직한 후, 2년 정도 지났을 때 연락이 오는 사람이 있는가?

십여 년이 지난 어느 날, 기회가 되어 전 직장에 갔을 때 자신이 남긴 흔적을 찾을 수 있거나, 자신을 알아보며 반갑게 맞이하는 사람이 있겠는가? 어떻게 기억되길 원하는가? 사실 어떻게 기억되길 바라며 일하는 사람은 그렇게 많지 않다. 하지만, 먼 훗날 이 회사에 입사하는 직원들이 지금 내가 근무하는 환경보다는 더 편하고 더 좋은 환경에서 더 멀리 길게 보며 회사를 성장시키길 원하며 일하면, 자연스럽게 일도 더 즐겁고 성과도 높고, 오래 기억되는 사람이 되지 않을까?

04

내가 현재 회사에 남아있는 이유 3가지

| 초심으로 돌아가라

학생에서 직장인이 되기 위해 여러 곳에 지원서를 낼 때, 이직하여 새로운 직장을 구하기 위해 노력할 때, 출근을 하면 이렇게 하겠다는 각오가 있었을 것이다. 하지만, 막상 출근을 하면 좋은 점이 많은 회사이지만, 단점만 보인다. 담당하는 직무, 만나는 사람들이 자신이 생각했던 기대와 차이가 있다. 실망이 실망으로 이어지고, 내가 이곳에 있어야 하는가 생각하게 한다.

멘토링을 하고 있는 멘티들에게 '왜 지금 다니는 회사에 남아있는가?' 질문을 했다.

- 내 역량으로 이 회사에서 성과를 내고, 기여할 부분이 있다.
- 회사의 비전에 공감한다.
- 임직원들에게 많이 배우고 인간관계에 있어 만족도가 높다.
- 나의 향후 career path를 위해 남아있어야 한다.
- 이 회사에 있음으로써 더 배우고 성장할 수 있다.

- '한 번 바꿔보자'는 리더의 추진력과 신뢰
- 담당하는 직무에 대한 만족과 동기부여
- 함께 일하는 상사들이 나를 신뢰하고, 내 성과를 인정하는 모습에 일할 맛이 난다.
- 업무적으로도 인간적으로도 배울 점이 많다.
- 잘할수록 합리적인 보상이 따라온다.
- 종업원을 소중히 여기고 해고 안 하는 회사
- 근무환경이 좋고 복리후생이 좋다.

최고 수준의 학력을 보유한 사람들이 입사할 수 있는 초일류 기업의 연구소 직원들에게 왜 지금 이 회사에 근무하는가 물으면 어떤 답변을 할까? 중요한 점은 근무 기간이 길면 길수록 현재 자신이 있는 직장, 하고 있는 직무, 만나는 임직원에게 긍정적 감정을 가지고, 꿈과 열정을 다하는 사람은 그렇게 많지 않다. 만난 과장과 부장이 공통적으로 말한 내용이 가슴에서 떠나지 않는다. "이곳에 입사하여 신입사원 입문교육 때 가진 마음가짐, 목표, 각오를 근무하면서 뛰어넘은 적이 없다." 근무할수록 정체되지 않고 성장하기 위해서는 무엇을 해야 하는가? 초심으로 돌아가 꿈과 열정을 가지고 실행하라는 말을 하고 싶다.

| 회사에 남아있는 3가지 이유

회사는 나에게 무슨 의미일까? 많은 직장인들이 이런 생각을 하지 않는다. 할 이유가 없기 때문이다. 중소기업에 다녔던 딸이 "아빠는 대기업만 다녔으니 중소기업 직원들의 심정을 모른다. 그들은 그 달 벌어 그 달 다 쓴다. 월급이 나오지 않으면 생활이 안 된다. 아빠의 말들은 그들에게 이상일 뿐이다. 현실과 동떨어진 말이 듣는 사람에게 상처가 될 수도 있다"고 조언한다. 지금 내가 회사에 남아있는 이유가 생계유지가 전부라면, 인정, 성장, 자아실현과 같은 한 차원 높은 가치를 이야기 한들 귀에 담기지 않을 것이다.

1980년대 직장 생활을 했던 수많은 사람들이 그렇게 살아왔고, 아직도 이런 생각이 남아있다. 이들에게는 회사는 생계유지의 전부였다. 맞벌이 부부는 특수한 경우이고, 결혼을 하게 되면 퇴직을 하고 육아와 전업주부가 되는 것이 당연했던 시대였다. 가정을 이루고 아이를 낳아 키우고, 집하나 마련하여 생활한 것은 회사에서 일하고 받은 급여가 전부였다.

지금 젊은이들이 회사에 남는 이유는 생계 수단도 물론 있겠지만, 성장과 자아실현이 보다 중요한 이유이다. 멘티들의 답변처럼 자신이 하고 있는 일이 회사와 인류 사회에 기여하고 있다는 생각에 자부심을 느낀다. 상사와 선배의 지도로 자신이 성장하고 있다는 것에 감사와 성취감을 느낀다. 직장 생활이 하나의 굴레가 되어

꼼짝할 수 없는 족쇄에 묶여 있는 것이 아닌 일과 가정의 균형을 이루며 즐기며 일할 수 있는 곳이며 자신의 꿈이나 목표를 달성하는 곳이라는 생각에 회사에 남길 희망한다.

많은 초우량 기업의 직원들이 좋은 기업의 조건으로 강조하는 가치 3가지가 혹시 회사에 남게 하는 요인이 아닐까 생각한다. **자신이 하고 있는 의미 있는 일에 대한 자부심, 정체되지 않는 성장하고 있다는 생각, 일하고 출근하는 즐거움이다.** 여기에 한국의 직장인은 연봉과 복리후생을 항상 포함한다. 요즘 복리후생의 1순위는 워라밸이다. 생계유지가 직장 생활의 전부인 시대에 근무하던 전 세대의 선배들이 일의 자부심, 성장, 즐거움, 워라밸을 이야기하는 젊은이를 보면 어떤 생각이 들까? 나는 지금 회사에 왜 남아 있는 것인가? 지금 회사와 구성원은 나에 대해 어떤 생각을 갖고 있을까? 나는 회사와 구성원에게 어떻게 기억되길 원하고 있는가? 회사에 남기고 싶은 유산은 무엇인가? 회사에 남는 이유를 살피며 여러 생각의 즐거움에 빠져 본다.

05

완장의 무게

| 조직장이 되어 주의해야 할 단 한 가지

인재개발원장으로 근무할 때, 신임 팀장을 대상으로 첫 강의를 진행했다. 통상 개식사는 CEO가 담당하지만, 회사의 관행인지 가장 마지막 날 CEO 특강과 만찬으로 마무리되었다. 그냥 시작하기는 어색한지 인재개발원장의 '신임 팀장에게 바란다.'는 강의 후, '회사 현황과 전략'이 이어진다.

신임팀장에게 무엇을 강조할 것인가? 이미 업적과 직무 역량, 인성과 회사에 대한 열정을 심사 받고 팀장이 되었다. 이제는 팀원이 아닌 팀장이기에 가장 먼저 떠오르는 것은 팀장의 역할일 것이다. 사실 많은 대기업은 팀장이 되기 전, 예비 팀장 과정이 있어 팀장의 역할도 기 숙지하고 있다. 팀장은 팀을 총괄하면서 성과를 창출하고 책임지는 사람이다. 팀과 팀원의 꿈과 열정을 이끌어 성장시켜야 한다. 팀의 현실을 명확하게 파악하고 방향, 전략,

중점 과제를 정해 실행하고, 맡겨진 역할을 다해야 한다. 팀의 든든한 언덕이 되어 사방의 위기와 어려움에 방패가 되어야 한다. 이런 이야기를 하면 신임 팀장들이 어떤 표정을 지을까?

인재개발원장으로 신임팀장들에게 약 10분에 걸쳐 강조한 내용은 3가지이다.

첫째, 신임 팀장이 된 것에 대한 축하 인사이다.

둘째, 팀장이라는 완장의 무게를 느끼고, 자만하지 말고 함께 가라.

셋째, 신임 팀장 교육에서 하나라도 시사점을 얻고 현업에서 실행하라는 부탁이다.

| 완장의 무게

초등학교 선생으로 재직 중인 후배가 자랑스럽게 이야기한다. 담당하는 5학년 중 또래보다 머리 하나는 더 크고 힘이 센 길동이라는 학생이 있었다. 가정 형편이 좋지 않아 항상 뭔가 불만이 많고, 폭력적이었다. 자연스럽게 함께 노는 친구들도 없고 싸움이 있어 가보면 거의 대부분 이 학생이었다. 어머니는 안 계시고 아버지에게 연락을 하면 거의 전화를 받지 않는다. 전화 통화가 되면 지방에 있거나, 바빠 학교에 갈 수 없다고 한다. 아들의 상황을 이야기하면 알았다고만 한다.

　하루는 후배가 학생을 불러 교실의 질서, 화합을 강조하고 반장으로 반을 이끌어 보라고 요청했다. 그리고 이 학생의 어깨에 반장이라는 완장을 달아 주고, 반 학생 전체에게 설명했다. "길동이가 우리 반의 반장이며, 반 모두가 친하고 웃으며 생활할 수 있도록 길동이를 중심으로 함께 하자"고 강조했다. 반의 궂은일은 대부분 길동이가 한다. 수업 시간 지키기, 아픈 친구 돕기, 숙제하기 등에서 길동이가 모범을 보인다. 반에서 싸움이 사라졌다.

　일반인을 대상으로 재소자와 교도관 역할을 한 달 간 충실히 수행하라고 하면, 어떤 현상이 일어날까? 죄를 짓지 않았지만 재소자가 된 일반인은 기가 죽어 있고 순응하는 자세를 더 보일 듯하다. 반면, 교도관은 수감자들을 어떻게 대하겠는가? 자신이 교도관이지 않지만, 교도관이라는 역할과 완장이 주어지는 그 순간부터 재소자들의 사소한 잘못에도 가차 없는 제재를 가하지 않을까?

　완장은 하나의 상징이다. 경찰관에게 경찰이라는 완장은 권위이다. 사회 정의와 질서를 지키기 위한 사람으로 인식된다. 성당의 신부와 수녀, 절의 스님은 입고 있는 옷으로 신분, 역할, 권위를 나타낸다. 본인은 의식하지 않을지 몰라도 사람들은 일반 사람들에 비해 더 올바르고, 선하며, 정의로울 것이라 판단한다.

269　　　　　　　　　　　　　

직장에서는 직책이라는 완장이 있다. 처음 팀장이 되었을 때, 본부장이 없는 CEO 직속 조직의 팀장이었다. CEO는 팀장이 갖춰야 할 4가지를 이야기한다.

첫째, 올바른 가치관이다. 회사에 대한 로열티와 인간성을 강조한다. 저 사람은 믿고 따를 수 있다는 믿음을 임직원에게 심어줘야 한다. 철저한 자기관리를 부탁한다.

둘째, 자신의 직무에 대해서는 높은 전문성을 확보해야 한다. 팀장이 자신이 담당하는 직무에 대해 모르면 어떻게 의사결정을 하겠는가? 팀원들이 뒤에서 비난하고, 팀원들에게 끌려 다니는 팀장이 되면 곤란하다.

셋째, 열린 소통 능력이다. 팀장은 많은 사람들을 알고 마음속에 간직하기보다는 그들의 마음속에 간직되는 사람이 되어야 한다. 회장의 마음속에 간직되기 위해 무엇을 해야 하는가 생각해 보라고 한다.

넷째, 임직원이 인정하는 성과를 창출하라고 한다. 열심히 일하는 것 중요하다. 하지만, 성과가 없으면 가치관, 전문성, 소통 역량이 의미가 없다. 여기는 기업이기에 성과를 창출해야만 한다. 어떤 성과로 회사와 구성원에게 기여할 것인가 고민하고 주어진 팀의 역할을 뛰어넘으라고 한다.

완장을 차고 있는 사람 혼자 잘한다고 성과가 창출되지 않는다. 완장은 책임감이다. 함께 성과를 창출하기 위해 완장을 찬 사람이

윽박지르고 강압하여 싫어도 하게끔 하여 성과를 낼 수 있다. 하지만 가장 큰 문제는 오래가지 못한다. 당하는 사람 입장에서 즐거울 수 있겠는가? 회사와 구성원이 성장과 성과를 위해 자부심을 갖고 행복하게 직장 생활을 하도록 해야 한다. 완장을 찬 직책자가 솔선수범의 모범을 보이고, 고민이 깊으면 깊을수록 구성원은 성장하며 성과를 창출하게 된다.

06

시간을 절약하고 활용하는 7가지 방법

| 왜 시간 낭비를 하는가?

'오늘 열심히 했지만, 뭐 했는지 모른다.'는 말을 하는 직장인이 있다.

무엇이 문제일까?

이들의 일하는 행동을 살펴보면 몇 가지 특징이 있다.

- 일의 우선순위가 없다.
- 주위에서 도와달라고 하면 거절하지 않는다.
- 하나의 일을 하면서 이것도 하고 저것도 한다.
- 중간에 휴식이나 재충전의 시간을 갖지 못하고 일에 파묻혀 있다.
- 불필요한 잡담, 회의 참석 등에 많은 시간을 빼앗긴다.
- 자신의 건강관리를 하지 못해 장시간 버티는 데 힘들어한다.
- 상사와 추구하는 방향과 수준이 달라 수정 작업이 많다.

일은 많은데 성과가 없다고 힘들어 하는 사람에게는 우선순위 선정과 하나 끝낸 후 다른 것을 하라고 조언한다. 그리고 상사에게 자주 상황을 이야기하고 조언을 받으라고 한다.

팀장으로 관심을 갖고 팀원을 지켜보면, 열심히 하는데 일의 성과가 높지 않은 팀원이 있다.

이들은 왜 바쁘기만 하며 성과는 높지 않을까?

자세히 보면 우선순위를 정하지 못하고 하나가 끝나기 전 다른 것을 한다.

이들은 왜 이런 행동을 하는가?

| 어떻게 시간을 절약하고 활용할 것인가?

시간 낭비를 줄이라고 한다.

사실 해야 할 것, 언제까지 무엇을 해야 하는가 명확하다면, 불필요한 만남, 차 한 잔, 스마트폰 사용, 잡담은 많이 사라질 것이다.

개인적으로 7가지 원칙을 강조한다.

1) 아침에 일어나 해야 할 6가지를 정한다.

이것은 매우 중요하다. 매일 해야 할 일이 정해지고, 그 일의 우선순위를 머리에 그린다. 이것을 습관화 하면 자신을 점검하고 이끌어 갈 수 있다.

2) 우선순위 일에 대한 추진 일정이다.

6개 우선순위를 어떤 방법으로 언제까지 끝낼 것인가 생각하고, 이를 중심으로 하루 일정을 작성하는 것이다. 대충 순위별 할 일의 소요시간을 생각하고, 그 일이 끝난 후 15~20분 정도의 휴식 시간을 두고 다음 우선순위의 일을 추진하는 일정표를 적어 놓는다.

3) 우선순위 일이 끝나기 전에 다른 일을 하지 않는다.

일하면서 전화 받고 차 마시는 사람들이 있다. 하나의 일이 시작되면 그 일에만 몰입하는 것이 동시에 여러 가지 하는 것보다 생산성이 높다. 하나의 일을 완벽하게 끝내고 휴식을 취하는 것이 더 효율적이다.

4) 일하기 전 가장 효율적인 방안을 찾는 것이다.

처음이거나 서툰 일이면 전문가와 주변 사람에게 하는 방법, 가장 효율을 올리는 방안이 있으면 묻거나 조언을 받는 것이 좋다. 열심히 자신의 방식으로 했는데, 그 방법이 아니거나 다른 효율적인 방법을 고생한 후에 알게 되면 매우 실망스럽다. 10시간 넘게 자료를 수집하고 분석해 도표를 만들었는데, 선배가 이미 가지고 있는 도표라면 얼마나 황당하겠는가? 일하면서 물어보는 것은 절대 부끄럽지 않다.

5) 일의 프로세스를 가능한 한 지킨다.

일을 하면서 자신만의 프로세스를 갖고 있으면 바람직하다. 일에는 순서가 있다. 자료 수집, 분석, 대안 설정과 최적안 확정, 추진 계획 작성은 기본 중 기본이다.

6) 그날 해야 할 일은 최대한 그날 완료한다.

일을 미루는 습관만큼 게으르게 하는 경우가 없다. 주어진 일은 그날 어떤 일이 있어도 끝내고, 처음부터 못 할 수준의 일은 만들지 않는 것이 좋다.

7) 상사에게 수시로 일의 진행 상태를 공유한다.

상사를 궁금하게 하는 일은 담당자 잘못이다. 또한, 최종 보고서를 상사에게 가져갔는데 얻고자 하는 바와 프로세스가 바뀌면 곤란하다. 중간보고를 하지 않아 상사에게 불려가 보고를 하는 과정에서 수정되면 담당자로서 일 잘한다고 인정받기는 쉽지 않다. 수시로 보고하여 최종 의사결정자 수준 이상의 결과를 낳게 해야 한다.

시간을 절약하고 활용하는 지름길이 바로 일 잘하는 방법이다.

07

리더가 해서는 안 되는 말 4가지

| 어느 경영 회의

호통 소리가 크다. 사무실 목소리가 문 밖 계단까지 울려 퍼진다. "도대체 몇 번을 설명해야 알아 듣느냐? 어떻게 일을 이 지경으로 만들었니? 정신을 어디에 두고 일하니? 한심하다"는 등의 폭언이 쏟아진다. 창으로 보니 A과장이 본부장에게 질책을 받고 있다. 주변에 보고서가 여기저기 흩어져 있다. 나가라는 말에 보고서를 챙겨 나오는 A과장은 정신이 없어 보인다. 직원들은 본부장 눈치를 보고 사무실 전체가 조용하다. 팀장은 A과장을 데리고 밖으로 나간다.

직장에서 일하다 보면, 내 업무도 못 하고 있는데 계속해서 타 부서 업무가 지시되거나, 중요 업무의 실패, 원하지 않는 부서 배치, 상대방의 일방적 약속 불이행과 이에 대한 사과가 없이 당당할 때, 긴급 상황인데 타 부서와 협조가 안 될 때, 충분히 할 수 있다고 생각했는데 아예 진행조차 안 한 직원, 결정을 할 수 없어서 상사에게 보고했는데 명확한 의사결정을 해 주지 않거나, 똑같은 상황을 입장에 따라 말 바꾸는 상사, 모든 책임을 직원에게 떠넘기는 상사 등 화 나는 경우가 많다. 화가 난다고 소리를 지르고 물건을 던지며 인신 모욕에 가까운 말을 쏟아내면 조직과 구성원은 어떻게 될까?

전 직장에 근무할 때이다. 매주 금요일 경영 회의를 한다. CEO와 본부장이 모여 주간 실적과 계획에 대해 돌아가며 발표를 한다. 사전에 각 본부의 주간 업무 실적과 계획이 공유되어 대부분 알고 있는 내용이기 때문에 중요 사안 중심으로 발표가 진행된다.

순서에 의해 한 본부 발표가 끝나면 잠시 CEO얼굴을 보고 특별한 질문이 없으면 다음 본부장이 발표한다. 발표 중 CEO가 특정 사안에 대해 질문한다. 본부장이 대답을 못 하거나 원하는 대답이 아닌 경우 질책이 쏟아진다. 잘못된 일이 있는 경우에는 발표 시작도 전에 질책이다. 경영 회의 자리는 발생한 일이 아닌 발생하지 않은 일에 대한 의사결정이 주가 되어야 하는데, 이미 진행 중이거나 끝난 일에 대한 성토의 장이 되어 버렸다. 오죽하면 경영회의 시작하기 전, 본부장들이 오늘 희생양이 누구냐 농담을 한다. CEO가 입장하면 말 한마디 없다. 발표하는 본부장 이외 질문하거나 옆 본부장과 이야기를 나누는 경우가 없다. 오직 CEO만 질문하거나 큰 소리로 질책한다. 잘했다는 소리를 들어본 적이 없다. 내가 더 혼내고 나무라면 이들이 긴장하고 정신 차려 더 많은 성과를 내겠지 하는 마음이 있는 듯하다. 신입사원도 아닌 본부장이 모인 경영 회의의 분위기가 이렇다면, 본부장과 팀 회의의 모습은 어떨까 그려지지 않겠는가?

| 리더가 해서는 안 되는 말

직원들이 리더를 존경하고 따르는 것은 그의 말 한마디가 옳기 때문이다. 자신이 생각하지 못한 생각, 방향, 방안을 리더가 이야기하여 문제가 해결되거나 배움을 얻었을 때 믿고 따르게 된다. 만약 리더의 말과 행동에서 배울 점이 없고, 다만 직책만 높을 뿐이라면 존경하겠는가? 여기에 말과 행동이 거칠고 직설적이고 상대에 대한 배려가 없다면 함께 근무하는 것이 끔찍할 것이다. 이직하는 직원들에게 "왜 이직을 결심하게 되었는가?" 질문하면, 이외로 "회사와 직무는 좋지만, 상사와 선배 때문에 떠난다."는 대답이 많다. 이들도 퇴직하면 새로운 직장이나 일을 얻기까지 힘들게 된다는 것을 안다. 그럼에도 불구하고 퇴직하는 이유는 더 이상 고통과 갈등 속에서 힘들게 지내고 싶지 않기 때문 아닐까?

리더가 조직과 구성원에게 해서는 안 되는 말, 4가지가 있다.
첫째, 안 한다, 못 한다는 말이다. CEO가 실패 가능성이 매우 높고, 고도의 전문성을 요하는 도전적 업무를 지시했을 때 리더는 안 한다, 못 한다는 말을 해서는 곤란하다. 해서는 안 되는 수 많은 이유가 있을 것이다. 기업은 이러한 이유를 찾아내 구체화하는 곳이 아니다. 해결할 방안을 찾아 실행하여 성과를 내야만 한다. 다만, 실패 가능성이 매우 높거나, 정도가 아닌 일이라면 여러 방법으로 재고해 달라고 해야 한다. 최종적으로 하게 되었을 때, 피해를 최소화하는 방안으로 혼자가 아닌 함께 일을 진행해 가는 사람이 리더이다.

둘째, 비교 갈등을 유발하는 말이다. 조직이나 구성원과 대화 시, 그 조직과 구성원에 대해서만 이야기를 해야 한다. 다른 조직과 구성원에 비해 잘하고 있는 점도 말해서는 곤란하다. 비교 갈등은 갈등만 초래하고, 진영 논리를 가져가는 첩경이다.

셋째, 뒷담화이다. 리더는 직책 상 많은 사람들의 이야기를 들을 수밖에 없다. 개인적이거나 여러 사람이 특정인을 비난하거나, 특정 조직에 대한 뒷담화를 할 때 관심을 갖고 적극적 반응을 하면 곤란하다. 그 자리에서 직접 본인에게 피드백 하거나, 없는 사람의 이야기는 자제하라고 주의를 줘야 한다. 일부 리더는 직원을 불러 다른 사람에 대해 부정적 질문을 하는 경우가 있다. 말하는 사람 입장에서는 곤욕스럽다. 리더는 뒷담화를 듣거나, 전달하거나, 자신이 직접 해서는 안 된다.

279

넷째, 상처 주는 말이다. 리더는 조직과 개인에 대해 상처가 될 수 있는 말을 하면 안 된다. 학벌, 외모, 성격, 재산, 관계 등 개인에게 상처가 될 수 있는 요인이 있다. 내용에 따라서는 수치감을 느낄 수 있는 심한 말들이 있다. 육체적 상처는 약을 바르거나 먹고 고칠 수 있다. 하지만, 마음 속 상처는 치유하기 어렵다. 무심코 던진 말 한마디가 조직과 개인에게 지워지지 않는 상처가 될 수 있다.

리더는 자신이 하는 말에 책임을 져야 한다. 동일한 사안에 대해 어제와 오늘 결정과 지시가 다를 수 있다. 환경이 바뀌어 다른 결정과 지시를 내리게 되었다면, 배경을 설명하고 공감을 이끌어 내야 한다. 그 과정에서 말은 품격을 유지해야 한다. 자신이 편하고 좋은 관계라고 말을 편하게 하는 경우가 있다. 자신이 결정할 사항이 아닌 상대가 판단할 사항이다. 설령 상대가 말을 편하게 해달라고 요청해도, 거친 말과 상처 주는 말을 하라는 것이 아니다. 리더는 가슴에 있는 말을 그냥 입으로 던지는 사람이 아니다. 항상 머리에서 판단하고 얻고자 하는 바가 무엇인가 고민하고 가치를 창출할 수 있도록 말의 품격을 이끄는 사람이다.

08

익숙함에서 벗어나라

| 익숙함이 주는 병폐

이전 직장은 직원에게 사택을 제공하고 있다. 사택에 살면서 전기요금만 부담하면 된다. 대부분 직원들은 사택에 살기를 원했고, 회사는 신청을 받아 지원해 주었다. 사택에 살기를 원하는 A대리와 면담을 할 기회가 있었다. 미혼인 대리는 사택에 살면서 저축을 하겠다고 한다. A대리에게 무리를 하더라도 대전에 집을 사고 대출금을 갚아 나가면 어떻겠냐 말했다. A대리는 조언에 따라 대전에 아파트를 구입하고, 대출을 갚으며 조금은 힘든 생활을 이어갔다. 5년이 흐른 후 재미있는 상황을 경험하게 되었다. 사택이 살던 직원들은 재산이 그다지 늘지 않았지만, A대리는 그들에 비해 큰 폭의 재산 증식이 이루어졌다. 아파트 가격이 2배 이상으로 뛴 것도 있지만, 대출금을 갚아 나가야 했기 때문에 초 절약을 한 것이었다. 반면, 사택에 산 직원들은 경제적으로 여유가 있어 여행을 하고 먹고 노는 비용이 크게 늘게 되었다. 저축을 한다고 했지만, 5년이 지난 후 집도 없고 모아놓은 금액도 집을 사기에는 턱없이 부족하였다.

하나의 실험이 있다. 사면이 바다인 섬에 원숭이들이 살고 있었다. 섬에 먹을 것이 부족해 해변에 고구마를 갖다 주었다. 사람이 가면 원숭이들은 고구마를 갖고 숲 속에 가 흙을 털어먹었다. 수십 년 넘게 이러한 행동을 반복되었다. 어느 날, 한 어린 원숭이가 해변에 놓인 고구마를 바닷물에 씻어 먹었다. 흙이 물에 씻겨 지근거림이 없었고 바닷물이 조화되어 맛이 좋았다. 이후 많은 원숭이들이 고구마를 바닷물에 씻어 먹었지만, 나이 많은 원숭이는 끝까지 고구마를 털어먹었다. 털어먹는 것이 익숙했기 때문이다.

아내는 아파트에 맞지 않는 몇 십 년 넘은 주방용품과 생활용품을 사용한다. 아끼는 마음도 있지만 익숙하기 때문이다. 마음이 편하다고 한다. 이러한 익숙함은 새로운 아이디어와 혁신적 방법을 생각하게 하는 데 큰 어려움이 된다.

직장에서 한 직무를 오랫동안 해온 직원은 그 직무에 능숙하다. 지금까지 해왔던 프로세스와 방법을 고수하게 된다. 아니 다른 프로세스와 방법을 생각하는 것이 쉽지 않다. 익숙해져 있기 때문이다. 나만이 이것을 이렇게 잘할 수 있다는 자만에 빠지는 경우가 많다. 익숙함에 머물러 있는 직원은 그 순간은 편하지만, 그것이 미래 성장에 큰 한계가 된다. 오래 한 부서에서 한 직무를 수행한

부장이 임원이 되지 못하는 이유이기도 하다. 회사는 지금까지 일을 잘해왔기 때문에 임원의 역할을 맡기는 것이 아니다. 임원이라는 새로운 역할을 잘 수행해, 조직과 구성원을 하나로 뭉치게 하고 성장하게 하며 성과를 창출하는 사람에게 맡긴다. 익숙한 것을 잘하는 직원이 아닌 새로운 것을 찾고 변화와 혁신을 이끌어 갈 수 있는 직책자를 선발한다.

| 어떻게 익숙함을 벗어나 일 잘하는 직원이 될까?

익숙함이 다 나쁜 것은 아니다. 익숙함에 빠져 하나의 관행으로 굳어지는 것을 경계해야 한다. 기업은 현재를 기반으로 보다 높은 수준의 모습과 목표를 추구해야 한다. 환경이 변하고 기술과 고객의 니즈가 변한다. 경쟁사가 무섭게 쫓아오거나, 더 높은 수준의 기술이나 성과를 창출한다. 이를 극복하거나 뛰어넘기 위해서는 해왔던 것을 잘해서는 곤란하다. 생각과 행동의 전환이 필요하다. 의도적으로 지금까지 해 왔던 생각의 틀을 바꿔야 한다. 개인도 마찬가지이다. 익숙한 곳과 음식 등을 선호하기 보다는 가지 않은 길을 가기도 하고, 낯선 곳에 가서 처음 접하는 음식을 먹어 보는 것은 어떨까?

익숙함에서 다 벗어날 수는 없다. 익숙한 것 중 살아가며 큰 도움을 주는 생각과 행동은 계승하여 토대가 되도록 해야 한다. 현재에 머물게 하고 정체하게 하는 요인들은 찾아내 바꿔 나가야 한다. 새로운 틀, 생각, 행동을 접목시켜야 한다. 전문가를 만나고 책을 통해 무엇이 익숙한 것이며, 새롭게 찾아야 할 가치가 무엇인가를 찾아야 한다.

직장생활을 하면서 몇 가지 권하고 싶은 원칙이 있다.

① **아침에 그날 해야 할 6가지를 정하는 것이다.** 해야 할 6가지는 기존에 해왔던 일도 있지만, 항상 새로운 가치와 성과를 생각하며 정하는 노력이 중요하다.

② **미루지 말고 즉각 행동한다.** 미루는 습관을 없애는 것이다. 미루는 습관은 없애는 가장 좋은 방법은 하나 둘 셋을 센 후 즉각 행동하는 것이다. 목표와 거창한 계획을 세워놓는 것 중요하다. 하지만, 실행이 없으면 성과는 없다. 지금 당장 실행하는 것이 중요하다.

③ **일의 의미와 본질을 알고, 이기는 습관을 가져라.** 이기는 습관을 가진 사람들은 자신이 하는 일의 의미와 성과를 분명히 한다. 본질에 집중하면서 무엇이 가치와 성과를 올리는 가를 고민하며 실행한다.

④ **아니라고 생각되는 것은 빨리 포기한다.** 이 방법이 아니라고 생각들 때가 있다. 자신이 하고 있는 일에 대해 왜 이렇게 할까? 더 효과적인 방법은 없을까? 고객은 어떻게 판단할까?

등의 질문을 해야 한다. 아니라고 생각이 들면 포기하는 용기
가 필요하다. 포기해야 할 시기임에도 여건, 역량, 성과, 망설임
등의 이유로 지속해 망한 기업과 사람은 수 없이 많다. 아닌
것은 빨리 포기하고, 절대 포기해서는 안 될 것은 그 어떠한
역경이 있어도 지켜야 한다.

09

나에게 선택과 집중이란?

| 해보고 싶은 것이 많았던 어린 시절

손녀가 놀러 왔다. 잠시도 앉아있지 않고 이 방 저 방을 다니며 다양한 놀이를 한다. 지칠 만도 한데 활력이 넘친다. 손녀와 함께 소파에 앉아 무엇이 되고 싶냐 묻는다. 손녀는 꿈이 많다. 동물을 좋아해 수의사가 되거나 탐험가가 되고 싶다고 하다가, 불쌍한 사람을 보면 의사나 간호사가 되겠다고 한다. 노래와 춤추는 것을 보면 가수가 되고 싶다고 하고, 맛있는 음식을 보면 요리사를 말한다.

"무엇이 되고 싶으냐?"가 아닌 "무엇을 하고 싶냐?"로 물었다. 하고 싶은 것이 너무 많다. 마지막 "무엇을 좋아하며 잘하느냐?" 물으니 좋아하는 것은 많은데 나이가 어려 잘하는 것은 없다며 배우면 된다고 한다. 나보다 낫다는 생각을 한다.

퇴직하고 집에서 유치원 다니는 손녀를 보고 있는 친구가 있다. 몇 년 후 나의 모습을 보는 것 같아 행복하면서도 왠지 아쉽다는 생각이 들었다. 친구는 지금 경제 활동을 하지 않는다. 직장 다닐 때 그렇게 좋아하던 섹스폰도 퇴직과 동시에 불지 않고, 틈틈이 그렸던 유화도 접었다고 한다. 지금 무엇을 하냐고 하니 특별하게 하는 일 없고, 텃밭을 가꾸고 시간 나면 낚시와 등산을 한다. 손녀와 함께 있는 것이 가장 큰 행복이라고 한다. 친구에게 무슨 이야기를 하겠는가?

어린 시절에는 해보고 싶고, 되고 싶고, 좋아하는 것이 많았다. 하지만, 나이가 들면서 주어진 해야 할 일이 있는 한계 속에서 선택할 수밖에 없는 현실이 해보고 싶고 좋아하고 되고 싶은 것을 제한한다. 현실과 타협하면서 꿈은 단기적인 목표가 되고 장황하고 허황된 모습에서 벗어나 구체적이고 달성 가능한 것들로 바뀌어간다. 40대가 된 어느 순간, 꿈이 없는 직장인들이 많다. 직장과 가정의 일상에 지쳐 쉬고 싶다는 생각밖에 없다. 꿈과 목표가 없기 때문에 시간적 여유가 생겨도 특별히 가치를 올리고 성과를 낼 생각이 없다. 일상에서 벗어나 쉬는 것에 만족한다. 이렇게 시간을 보내고 그 어느 날 퇴직의 순간이 오면 할 수 있는 것이 하나도 없다. 40년 이상을 더 살아야 하는데, 꿈이나 목표가 없었으니 준비한 것도 없고, 어떻게 되겠지 하는 막연한 생각을 한다.

| 퇴직 후 무엇을 할 것인가?

꿈과 목표가 없는 직장인이 되면 곤란하다. 근무하는 동안에 2

개의 꿈과 목표를 준비해야 한다. **하나는 직장에 있을 때의 꿈과 목표이다.** 가장 바람직한 모습은 '높은 전문성을 갖춘 경영자'이다. 여러 개의 직무를 잘하는 사람이 아닌 자신이 담당하는 직무에 있어 컨텐츠를 만들고, 외부 강의를 할 수 있으며, 진단 툴과 설문으로 진단과 컨설팅을 할 수 있는 수준이 되어야 한다. 자신이 담당하는 직무의 전문가들이 인정해 주는 전문성을 갖춰야 한다. 경영자는 최고 경영자가 되는 것이 가장 바람직하지만, 적어도 임원을 하고 퇴직하는 것이 좋다. 큰 조직과 인원을 이끌어봤다는 것은 담당자로 퇴직하는 것과는 시야는 물론 조직 관리 역량에 차이가 있다.

다른 하나는 퇴직 후의 꿈과 목표이다. 퇴직한 후에 생각하겠다는 사람이 있다. 퇴직한 후에 무엇을 하겠다는 생각을 하기는 쉽지 않다. 직장에 다닐 때에는 활력이 있고 많은 사람들을 만나며 시야를 넓힐 기회가 많다. 무엇보다 자신감이 있다. 퇴직 후에는 사람마다 다르겠지만, 완전한 여유가 오히려 발목을 잡는다. 절박감이 없고 고생했으니 조금은 쉬어야 한다는 생각이 안일을 초래한다. 막상 무슨 일을 하려고 해도 잘할 수 있을까 하는 걱정이 앞선다. 자존감이 떨어지고 '굳이 내가 이렇게까지 할 필요가 있는가?', '혹시 이 일을 하는 것을 누가 본다면?' 하는 여러 우려로 주저하게 된다. 모아 놓은 자금을 쓰는 것에 대한 부담감도 크다. 노후 설계가 되어 있지 않은 상태에서 누구에게 손 벌릴 수도 없는데, 모아놓은 돈을 꼭 필요하지 않은 곳에 쓰는 것은 쉽지 않다. 더욱 더 집 안에 머물게 되는 이유이기도 하다. 퇴직 후 무엇을 할 것인가에 대한 구체적 목표와 계획은 재직 중 마련해 준비하고 있어야 한다.

회사 후배가 퇴직 후 강의를 하고, 그동안 쌓은 지식과 경험으로 글을 쓰는 일을 하겠다고 한다. 퇴직 후 8년 동안 같은 일을 하고 있는 입장에서 물었다. "지금 무엇을 준비하고 있는가?" 꿈만 있다. 자신이 작성한 서류도 개인 저장할 수 없는 환경이고, 회사 일에 바빠 외부 모임이나 활동을 전혀 하지 않고 있다. 학력이나 자격증은 입사 시점에 멈춰져 있다. 후배에게 강의와 집필을 위해서는 3가지가 중요하다고 했다. 차별화된 경쟁 역량으로 콘텐츠, 네트워크, 소통 능력이다. 퇴직 후 시간도 많은데 하나씩 갖추겠다는 후배의 말에 웃음을 보낸다.

좋아하고 잘하는 것 하나에 집중하는 것이 바람직하다.

퇴직 후 시간이 많다고 여러 가지 일들을 하는 경우가 있다. 돈을 벌기 위해 분산 투자를 하듯 남은 40년 인생이 결코 짧지 않기 때문에 다양한 활동을 하라고 한다. 돈을 버는 것과 남은 인생을 의미 있게 보내기 위해 무엇을 하느냐는 다르다. 위험을 최대한 적게 하고, 보다 의미 있는 삶을 가져가기 위해서는 자신이 좋아하고 잘하는 것에 집중하는 것이 바람직하지 않을까? 젊었을 때,

모든 운동을 다 잘했다 해도, 나이 들어 좋아해도 할 수 있는 운동이 있고, 하기보다는 보는 것에 만족하는 것이 더 바람직한 운동이 있다. 퇴직 후 할 수 있는 일도 마찬가지이다. 자신의 현 위치를 인식하고 좋아하고 잘하는 것에 집중함이 옳다. 문제는 시점이다. 재직 중 이를 정해 긴 시간 착실하게 준비한 사람과 퇴직 후 고민하여 준비하고 추진하는 사람과는 차이가 있을 수밖에 없다. 자신의 인생이다. 자신이 하는 일에 자부심을 느끼고, 전문성의 최고 단계에서 즐겁게 일을 이어가는 것이 더 행복하고 성과가 높지 않을까?

10

내가 본 것만 신뢰한다면?

| 정보를 어떻게 선택하고, 무시하는 이유는 무엇인가?

지금은 스마트폰으로 많은 정보를 검색할 수 있다. A에서 B지역으로 가는 방법, 주변 식당과 장소, 단어 검색, 논문과 기고, 심지어 모르는 것에 대한 방법까지 제시한다.

A씨는 1박 2일 서울에서 제천 출장을 갔다. 태어나 처음 가는 곳이었기 때문에 숙소와 식당을 검색하였다. 출장 장소와 가까운 숙소와 식당이 100여 군데가 된다. 여러분은 어떤 기준으로 선택을 하는가? 70세 이상 디지털에 익숙하지 않은 분들은 제천에 사는 지인 또는 제천을 잘 아는 지인에게 추천을 받는 것이 가장 익숙할 것이다. 아는 지인을 찾는 것이 기준이 된다. 디지털 기기에 익숙한 사람들은 자신의 취향에 맞는 조건이 기준이 된다. 디지털 기기에 여러 조건을 입력하면 된다. 숙소라면 거리, 가격, 안정성, 침대, 조식여부, 주변 인프라, 층수까지 확인하고 예약한다. 식당은 자신이 좋아하는 음식을 중심으로 가격, 거리, 내부 시설, 음식 사진, 사람들의 평판을 읽고 예약한다. 차량까지도 예약이

291

가능하다. 수많은 정보 가운데 선택을 하는 것은 본인의 몫이다.

특정 물건을 사기 위해 아내와 백화점이나 시장을 함께 가면, 구매 방법이 너무나 다르다. 필자는 사고자 하는 물건을 판매하는 곳을 찾아가 물건을 찾아 가격을 묻고 합당하다고 판단하면 구입하고 곧 바로 귀가하는 편이다. 다른 곳을 돌아보거나, 다른 물건을 살피지 않는다. 아내는 1층(시작)부터 마지막 층(끝), 지하까지 쭉 훑어본다. 이후 특정 물건을 사는 층에 가서 판매하는 모든 곳을 들려 여러 정보를 얻은 후 물건을 구매한다.

어떤 사람은 다양한 방법으로 정보를 수집하고 균형 있게 활용하는 반면, 어떤 사람은 자신의 기존 철학이나 원칙에 맞지 않는 방법이나 정보는 무시하거나 하려고 하지 않는 이유는 무엇일까?

▌자신의 생각과 다른 결정에 대한 행동

CEO가 인사팀장을 불러 '팀장들이 도전하지 않는데, 악착같이 실행하도록 하는 안을 작성해 보고하라'고 했다. 2주가 지난 후 인사팀장의 보고서에는 도전하지 않는 이유는 실패에 대한 두려움이고, 이에 대한 개선안은 '인정과 칭찬 문화 만들기'였다. 보고를 받은 CEO의 생각은 달랐다. 지시를 내릴 때, 도전하지 않는 이유를 좀 더 광범위한 틀 속에서 인터뷰와 설문 등 다양한 방법을 통해 구체적 사례를 알고 싶었다. 해결 방안도 구체적이며 측정 가능하고 유의미한 결과를 빠른 시기 내 끝내는 모습을 기대했다. 문화 만들기는 모호하고, 결과의 모습도 불분명하며, 무엇보다 단시간 내 해결되지 않는다고 판단했다.

자신의 결과와 다른 결과 보고서에 대해 어떻게 피드백 하겠는가?

첫째, 가장 안 좋은 방법은 자신의 방식을 고집하고, 시키는 대로 하라고 지시하는 것이다. 고집이 세고 성격이 급하며 목소리가 큰 CEO의 경우, 그 자리에서 잘못을 질책하며 왜 이렇게 하지 못하냐며 자신의 생각과 방법을 강요한다. 이 생각과 방법은 과거 자신이 성공했던 경험인 경우가 많다. 과거 성공했던 경험이 있기 때문에 이번에도 그대로 하면 된다는 생각이 강하다.

직원 입장에서는 환경과 인식이 크게 달라졌기 때문에 반발하지만, 공포 분위기를 벗어나기 위해 수동적인 직원이 되어 버린다. 이 방식은 시키는 일만 하는 조직과 직원을 만들게 된다.

둘째, 담당자의 생각과 방식을 인정하고, 자신의 생각과 방식을 접목하여 절충하는 방법이다. 먼저, 담당자의 이유와 해결방안에 대해 공감하고, 자신의 지식과 경험을 이야기하며 이유와 해결 방안을 넓혀 나가는 방식이다. 담당자와 CEO 간의 인간적 신뢰, 일에 대한 안목을 높여 틀과 방안을 성과 지향적으로 만들어가는 것이다. 자신의 지식과 경험이 정확한 해결방안이 아닐 수 있다는 생각을 갖고 있어야 한다. 주어진 여건과 자료 중에 열린 마음으로 회사의 바람직한 모습 또는 성과에 초점을 잡고 공통점을 확대하는 방안을 찾는 것이다. 신뢰를 기반으로 균형 있는 수용력이 중요하다.

해서는 안 되는 일에 대해 아니라고 이야기하는 조직을 만들 것인가? "예, 알겠습니다."하며 일을 추진해 회사에 큰 손해를 끼치는 조직을 만들 것인가? 여러 원인이 있지만, 결국은 자신이 결정이 무조건 옳다는 생각이 아닌 다름을 인정하고, 공통점을 찾아 강점으로 넓혀 나가는 신뢰를 기반으로 한 소통과 지혜가 기본 아니겠는가?

11

CEO가 되려는 사람에게

| 식지 않는 열정

선후배 중에는 기업의 임원이나 CEO의 직책을 수행하는 분들이 많다. 신임 임원을 대상으로 강의를 진행한 적이 있다. "임원이 되는 데 가장 큰 영향을 준 것은 무엇입니까?" 직무의 전문성, 리더십, 획기적 업적이나 성과, 상사의 지원이 압도적으로 많을 것이라 생각했다. 많은 답변이 있었으나, 가장 많은 답변은 '운'이었다. 업적과 직무 역량, 상사와 관계, 리더십이 없으면 임원 후보로 선정되지 못한다고 한다. 선정된 사람 중에 임원이 되는 사람은 바로 운이라고 한다. 자리가 있어야 하고, CEO가 최종 확정을 하기까지 수많은 운이 있었다고 한다.

CEO는 어떨까? CEO가 되는 것도 '운'일까?

물론 운이 큰 비중을 차지할 것이다. 하지만, 한 기업의 CEO가 된다는 것은 운만으로는 어렵다. CEO에게 물어보면 운이라고 하

295

지만, 깊게 이야기하면 그들에게는 남과 다른 생각과 방법의 차별성이 있다.

　신입사원 입문교육을 진행한 적이 있다.

　200명을 대상으로 23박 24일 동안 합숙으로 진행되는 입문 교육은 교과목별 경쟁과 협력을 해야만 했고, 24일의 합숙을 이겨낼 체력이 있어야 했다. 매주 평가에 60점 이상을 받아야 하며, 개인과 팀의 행동을 관찰하기에 기본예절이나 규칙을 지켜야만 했다. 1달의 입문교육을 마치고 3명의 신입사원에게 모범과 공로상을 수여한다. 당시 상을 수상한 신입사원 중 한 명이 그룹 관계사의 CEO가 되어 식사를 함께 했다.

　30년 전의 신입사원 시절로 돌아갔다. 후배는 자신은 신입사원부터 자신의 직무를 통해 인류에 도움이 되고, 자신의 자리에 올 후임자에게 유산을 남겨주겠다는 생각을 했다고 한다.

　금번 CEO가 된 회사가 비록 규모도 작고 체계도 덜 정립되어 있지만, 대충이 아닌 위대한 기업으로 갈 수 있도록 임기 중 만들겠다는 각오가 강했다.

　새로운 회사의 CEO가 되어 가장 먼저 한 일이 무엇이냐 물으니 간담회라고 한다. 매일 직원 간담회를 진행해 3개월 안에 대부분 직원을 다 만났다고 한다. 3개월 안에 본부장들보다 전사 현황을 정확하게 알게 되었다고 한다.

'90일 만에 장악하라'는 책과 강의에서 말하는 가장 먼저 할 일은 현황 파악이고 그 다음이 중기 전략 작성이다. 길고 멀리 보는 시각과 높은 목표, 빛나는 그의 두 눈을 보니 신입사원 때의 열정을 보는 듯했다. 30년 넘게 열정을 잃지 않은 후배의 모습에서 CEO의 품격을 배운 하루였다.

| CEO가 되어 무엇을 해야 하는가?

'임원의 품격'(행복 에너지, 홍석환 저)이란 책을 통해 임원이 해야 할 역할을 5가지로 강조했다.

> ① 제대로 사업을 꿰뚫고 전략을 실행하는가?
>
> ② 길고 멀리 보며 의사결정을 하는가?
>
> ③ 정도를 걸으며 악착같이 솔선수범하며 성과를 창출하는가?
>
> ④ 대내외 네트워크를 형성하고 활용하는가?
>
> ⑤ 조직과 구성원의 가치를 올리며 자율적으로 이끄는가?

사장은 임원과 다른 역할을 수행해야만 한다. 임원으로 잘했다고 사장이 되어 사업의 성장을 이끌고 높은 성과를 창출하지 못한다. 사장이 되면 어떠한 역할과 무슨 일을 해야만 하는가?

297

사장의 가장 중요한 역할은 첫째, 방향제시이다. 사업의 흐름을 인지하고 그 패러다임을 바꿀 수 있는 통찰과 선제적 조치를 취할 수 있는 추진력을 보여야 한다. 멀리 보며 사업의 큰 그림을 그릴 줄 알아야 한다. 회사의 흥망은 어떤 사업을 하는가이다. 망하지 않는 사업은 없다. 항상 회사의 사업구조를 살피며 성과를 낼 수밖에 없는 사업을 찾아 선점하는 역할이다.

둘째 역할은 인재의 선발과 활용이다. 전 세계 핵심인재를 찾아 선발하고, 이들을 유지하고 활용하여 큰 성과를 낼 수 있어야 한다. CEO가 가장 큰 관심을 가지고 시간과 노력을 집중적으로 투자해야 할 대상은 임원과 그 후보자, 그리고 핵심 직무를 맡은 핵심 전문가들이다. 이들에 의해 신사업과 전략을 수립하고 운영하며, 회사의 직무 경쟁력을 이끌어가게 한다.

셋째 역할은 이기는 성공 문화의 구축이다. 회사의 강한 DNA는 계승하고, 새로운 DNA는 접목시켜 '이기는 조직문화'가 실천되도록 해야 한다. 경영시스템, 제도의 경쟁력 물론 중요하다. 하지만, 조직과 구성원 전부가 한 마음이 되어 CEO가 가고자 하는 모습과 방향으로 정렬되어 있으면 초일류 기업이 될 수밖에 없다.

실무에 디테일하고, 사람을 믿지 못해 권한위임을 하지 못하거나 이중으로 점검하는 CEO가 있다면, 소규모 중소기업에서는 생

존할 수 있다. 하지만, 중소기업에서 중견, 나아가 대기업으로의
성장은 불가능하다. 사업과 회사의 성장과 성과는 CEO의 그릇
크기에 반드시 비례한다.

리더는 자리가 아니라, 태도로 증명된다

리더십을 다룬 책은 많습니다. 그러나 『사례로 배우는 리더가 되는 길』은 리더십을 설명하기보다, 리더의 태도를 묻는 책입니다. 그래서 이 책은 읽히는 순간보다 읽고 난 뒤 더 오래 남습니다.

조직에서의 리더는 늘 선택의 자리에 서 있습니다. 말 한마디, 결정 하나, 침묵의 순간까지 그 모든 것이 사람에게 닿고 조직의 공기를 바꿉니다. 이 책은 바로 그 지점에서 리더의 선택이 어떤 결과를 남기는지를 현장의 사례로 차분하게 보여줍니다. 저자 홍석환은 오랜 시간 인사와 조직의 중심에서 사람을 관찰해 온 실천가입니다. 그의 문장에는 이론보다 현장이 먼저 등장하고, 정답보다 질문이 앞섭니다. 그래서 이 책은 리더를 평가하지 않고, 독자 스스로를 돌아보게 합니다. "그때 당신은 어떤 선택을 했는가." 이 질문은 읽는 내내 조용하지만 단단하게 마음에 머뭅니다. 특히 인상 깊은 점은 이 책이 리더를 완성된 존재로 그리지 않는다는 사실입니다.

리더는 늘 흔들리고, 실수하며, 배우는 존재입니다. 중요한 것은 완벽함이 아니라 태도이며, 권위가 아니라 책임이고, 말이 아니라 반복된 선택이라는 메시지가 책 전반에 자연스럽게 스며 있습니다. 이 책이 가진 설득력의 바탕에는 저자의 꾸준한 실천이 있습니다. 저자 홍석환은 매일 오천여 명에게 한 통의 이메일을 보내며 사람과 조직, 리더의 길을 함께 고민해 왔습니다. 그 반복된 정성과 시간의 축적이 이 한 권의 책으로 응축되어 있습니다. 그래서 이 책은 지식의 집합이 아니라, 시간을 견뎌낸 기록처럼 읽힙니다.

『사례로 배우는 리더가 되는 길』은 리더를 꿈꾸는 사람만을 위한 책이 아닙니다. 이미 리더의 자리에 있는 사람, 그리고 언젠가 누군가의 삶과 조직에 영향을 미치게 될 모든 사람에게 필요한 책입니다. 읽고 덮는 책이 아니라, 필요한 순간 다시 펼쳐 자신을 점검하게 만드는 책입니다. 도서출판 행복에너지는 이 책이 많은 조직의 서가에 꽂히기보다, 많은 리더의 책상 위에서 오래도록 다시 읽히기를 바랍니다. 성과 이전에 사람을 살피고, 권한 이전에 책임을 생각하며, 오늘보다 나은 선택을 이어가는 리더가 이 책을 통해 더 많이 탄생하길 기대합니다.

NOTE

NOTE